Ted Stanger

Sacrés Américains !

Nous, les Yankees,
on est comme ça

Gallimard

Ce livre a été édité par Agnès Monneret.

Pour ACS

« Comment avez-vous trouvé l'Amérique ?

– Quand vous arrivez au Groenland, il faut aller à gauche. »

Réponse de John Lennon à une question posée lors d'une conférence de presse en 1964, après la tournée des Beatles aux États-Unis.

Chers amis

Pauvres de nous, citoyens de la jeune Amérique. À en croire vos journalistes, hommes politiques et autres commentateurs, nous serions affligés de tous les défauts. Aucun autre peuple n'est aussi vilipendé par les Gaulois, à part les Belges, naturellement…

Eh bien, Français, on vous a honteusement menti. Dans la plus grande démocratie occidentale, la réalité est encore *pire*. Après 25 ans d'absence, je suis retourné chez moi, à Columbus, dans l'Ohio, pour me faire une idée de l'Amérique profonde d'aujourd'hui. Ce que j'ai vu m a sidéré. L'Amérique de George Bush n'est plus le pays que j'ai quitté en 1979.

J'ai parcouru ce vaste pays pendant des mois cherchant des réponses aux nombreuses interrogations des Français. Par exemple, les États-Unis sont-ils devenus vraiment francophobes ? Je suis maintenant en mesure de vous répondre : non, l'Amérique – l'alliée de toujours de la

France – n'est pas francophobe. Mais les Américains, eux, le sont.

J'ai découvert un pays d'extrêmes, où le café est trop chaud et la bière trop glacée, où le sein de Janet Jackson déclenche un tollé mais pas les mœurs incroyablement libres des ados. Une nation où les très riches se comptent par millions, et les pauvres sont laissés pour compte.

Ici, on trouve des banlieues aussi interminables que les steppes sibériennes, des commerces de « proximité » à 20 minutes en voiture, et un peuple ouvert à la nouveauté mais, en même temps, si conservateur qu'il voit dans les rues à sens unique un complot gauchiste.

Et puis, toujours présente chez les Américains, une peur irraisonnée du terrorisme qui semble avoir pris la relève de l'« angoisse » nucléaire de la guerre froide et s'est invitée dans la campagne présidentielle. Mes carnets de voyage le confirment, la société américaine est aux antipodes de la société française. France-Amérique, c'est la finesse de Vénus contre la puissance de Mars, la pureté de Platon contre le pragmatisme d'Aristote, Athènes la savante contre Rome la martiale. La fierté millénaire des Français opposée à l'arrogance centenaire des Américains. Qui oserait se poser en arbitre de ce match entre deux orgueils nationaux ?

Cohabiter avec le géant américain n'est certes pas chose facile. Dormir à côté d'un éléphant peut se révéler hasardeux, surtout quand il se retourne dans son sommeil. La suffisance des Américains va parfois se nicher là où on ne l'attend pas. Mon acte de naissance mentionnant Ohio a ainsi laissé perplexe plus d'un fonctionnaire français qui ne trouvait inscrit nulle part qu'il s'agissait d'un État américain. Personne chez nous ne juge en effet nécessaire de préciser « États-Unis » puisque, à nos yeux, le monde se résume aux USA.

L'Amérique n'est certes plus ce qu'elle était, mais, pour être tout à fait honnête, j'ai trouvé qu'en un quart de siècle les mœurs de Columbus avaient peu changé. Pour sortir avec une fille, il faut toujours rencontrer ses parents et avoir l'air de sympathiser avec son frère cadet. Les gens bien élevés se flattent de connaître quelques mots de français, dont l'expression « coup de grâce », qu'ils veulent absolument prononcer *coup de gras* dans l'inébranlable croyance que les Français négligent systématiquement les dernières consonnes. Sacré Columbus, qu'un copain parisien aime appeler « Columbus-les-deux-églises ».

Écrire ce livre m'a néanmoins posé un dilemme. Si je me montrais trop complaisant envers les Américains, à Paris, mon concierge y verrait la confirmation de ses soupçons : « Comme tous ses compatriotes expatriés, ce Ted Stanger n'est qu'un agent de la CIA. »

Mais si j'étais trop critique, je risquais des fouilles corporelles « approfondies » lors de mon prochain passage à l'aéroport Kennedy. J'ai finalement opté pour une approche radicale, utilisée à l'occasion dans les médias, principalement dans la rubrique sportive : dire la vérité.

Mais commençons par le commencement, c'est-à-dire par le voyage, en 1831, du jeune Alexis de Tocqueville arrivant dans l'Ohio pour passer quatre jours dans la ville fluviale de Cincinnati, où il s'entretint avec des colons. Je suis au regret d'apprendre aux lecteurs que votre grand homme *n'a jamais visité* Columbus, qui se trouve à 150 kilomètres plus au nord. Erreur fatale, qui fera de sa merveilleuse étude, *De la démocratie en Amérique*, une œuvre à jamais incomplète.

Bien sûr, ce n'est ni la première ni la dernière fois que des étrangers ont snobé Columbus, si peu visitée par le reste du monde qu'on n'y vend même pas de cartes postales. Pourtant, le plan officiel énumère avec fierté les divers « centres d'intérêt » à ne pas rater : le nouvel immeuble pour seniors, le pénitencier et le foyer pour jeunes gens, le YMCA. Et, croyez-le ou non, malgré ces merveilles, les touristes n'affluent pas.

Il y a un an ou deux, on a bien vu un groupe de Coréens en voyage à New York se retrouver dans l'Ohio après avoir été mal aiguillés (ils avaient demandé « des tickets d'autobus » mais, à cause de leur accent, l'agent de voyage a compris « Columbus »). Ayant appris leur arrivée, le maire s'est personnellement rendu à leur hôtel pour leur servir de guide. C'est ainsi que ces braves Asiatiques ont pu découvrir le nouveau centre pour seniors, le pénitencier et le YMCA. Après quoi, ils ont pris le premier avion, sans même déjeuner.

Pour mettre mes pas dans ceux de monsieur de Tocqueville, j'ai pris un vol Paris-Cincinnati. Curieusement, les Français ne voient en effet pas l'utilité d'ouvrir une ligne directe avec notre bel aéroport, Port Columbus International, qui ne justifie ce mot d'« international » que par des vols en direction du Canada. (Ce que ces prétentieux de Cincinnati ne manquent jamais de nous rappeler.)

Ensuite, remontant vers Columbus par une nuit d'hiver, « au cœur des ténèbres », j'ai loué une Chevrolet munie d'un lecteur CD avec un peu de nostalgie pour la luge tirée par des chiens qu'aurait dû emprunter Tocqueville. En fait, le voyage fut des plus mouvementés, avec tempête de neige, crevaisons, et des loups que j'imaginais derrière chaque arbre. Arrivé aux abords de ma ville natale, je m'attendais en toute modestie à un petit comité d'accueil de la part des autochtones, et ma gorge se serrait déjà d'émotion. Après tout, un retour après vingt-cinq ans d'absence, ce n'est pas rien.

J'aperçus en effet sur la route deux voitures de l'équipe du shérif équipées d'un gyrophare. Pour m'accueillir ? Eh bien, non. Ils étaient là pour fermer l'accès au périphérique à cause d'un tireur fou qui sévissait dans les parages.

Triste retour Pas de vol direct, une route longue et sinistrée, pas de comité d'accueil et, pour finir, un tireur fou. Le coup de *gras* !

Fuck the Frenchies !

Depuis la chute du mur de Berlin, l'Amérique ne va pas bien. Elle n'est pas vraiment dans son assiette. Imaginez, nos ennemis de toujours, les communistes, nous ont fait faux-bond : Russes et Chinois ne pensent plus qu'à s'enrichir comme n'importe quel capitaliste. Castro commence à vieillir. Pis, les nouveaux méchants, les islamistes intégristes, sont fantomatiques. Nous, les Américains, il nous faut un adversaire identifiable avec domicile fixe. Histoire de programmer les ogives nucléaires sur des cibles stables, quoi. Une hyper-puissance manichéenne sans ennemi, c'est un peu désespérant.

Une bonne nouvelle quand même : l'intervention en Irak a porté ses fruits, quoi qu'on en dise dans les médias. À peine débarrassée de Saddam Hussein, la diplomatie américaine a enfin retrouvé un Grand Satan, un ennemi implacable digne de remplacer l'Union soviétique pendant les décennies à venir, un véritable nœud de vipères, un lieu de perdition, de toutes les trahisons · le quai d'Orsay.

Et l'Amérique profonde d'applaudir. Un exemple : à la télévision, c'est l'heure du catch professionnel retransmis depuis Las Vegas, le genre de spectacle qui ravit l'ouvrier américain avec ses combats truqués où le Bon affronte le Méchant. Dans le temps, on avait droit au petit gars américain, l'air modeste et honnête avec ses boucles blondes face au gros Russe aux dents d'acier, plein d'arrogance et de ruse.

Las, la guerre froide est finie, les Russes sont désormais nos potes et ils nous rendent même quelque service, par exemple en flinguant les maffiosi italiens du New Jersey (pour les remplacer par leurs maffiosoff). Ils bénéficient donc du politiquement correct. Pas comme ces fichus *Frenchies* !

Aujourd'hui, le catcheur « méchant » a un béret (pas de baguette sous le bras, ça le gênerait), porte haut les couleurs françaises et nargue outrageusement le public, conformément aux usages de ce genre de spectacle. Son pseudonyme est « Rob Van Damme, the *Muscles from Brussels* » (il faut excuser le public américain qui, avec sa culture géographique bien connue, confond facilement la Belgique et la France, au grand dam de ces deux peuples). Bien sûr, à l'issue du « combat », l'étranger cocorico sera vaincu par le brave Yankee, revêtu pour l'occasion d'un camouflage militaire

« Que c'est bon d'être américain ! » s'écrie l'animateur. Le public de Las Vegas hurle sa joie et l'on entend même scander *« Fuck the French, Fuck the French ! »* (À bas les Français !, en traduction aseptisée).

Accoudé au zinc, je regarde ce « combat » du fond de l'Ernie's Lounge, un bar irlandais de Boston. À côté de moi, un type boit paisiblement sa bière. Cent dix kilos de muscle et une solide carrure me laissent penser qu'il travaille dans le bâtiment. Au moment de la victoire du catcheur américain, mon voisin s'anime soudain et reprend le refrain *« Fuck the French ! »*

Puis, il se tourne vers moi pour faire un brin de conversation.

« T'habites où, toi ? » me demande-t-il.

Je réponds : « À Columbus, dans l'Ohio. » Toute vérité n'est pas bonne à dire, en Amérique non plus.

Faut-il prendre au sérieux la francophobie américaine de l'après-Irak ? Version officielle : absolument pas, nos deux pays sont des alliés de toujours.

La vérité vraie ? Oui et non, mais plutôt oui. Enfin, carrément oui.

Depuis qu'en mars 2003 Paris a menacé de mettre son veto au Conseil de sécurité de l'ONU à une résolution sur l'Irak, le gouvernement de Washington paraît en effet avoir choisi la

France comme meilleur ennemi. Les Français n'ont pas agi seuls, on le sait, mais comme l'a expliqué la conseillère de George Bush, Condoleezza Rice, il faut « pardonner aux Russes, ignorer les Allemands et punir les Français ».

Un choix que le public américain, et pas seulement les cols bleus, semble approuver. « Il est temps que les Américains se rendent à l'évidence : la France n'est pas seulement un allié embarrassant. Pas seulement un rival jaloux. La France est en train de devenir l'ennemi de l'Amérique », tranchait le prestigieux chroniqueur du quotidien *New York Times*, Thomas Friedman.

Et pourquoi la France, alors que d'autres alliés ont aussi fait preuve de réticences face à l'engagement US en Irak ?

En remontant le cours de l'Histoire on s'aperçoit que c'est un peu de votre faute. Le fond du problème, c'est que vous n'avez pas voulu de nous. Pendant deux siècles, l'Amérique a été la grande terre d'asile (économique, surtout), le pays de cocagne des opprimés et affamés de la planète : Anglais, Irlandais, Allemands, Italiens, Juifs, Russes, Latinos, Africains (à qui on n'a pas demandé leur avis), Chinois et Japonais... Tous, sauf les Français qui n'ont jamais immigré sur nos rives, Jean-Marie Messier et Michel Polnareff exceptés. (Mais pour fuir le fisc, c'est bien connu, on irait jusqu'en Enfer...)

Autrement dit, les Français ont préféré subir les guerres napoléoniennes et leurs centaines de milliers de morts, les bouleversements révolutionnaires et les dévaluations à répétition plutôt que de tenter leur chance au Nouveau Monde. Pour nous Américains, c'est une question de valeurs : que vaut-il mieux ? Avoir à n'importe quel prix dans son assiette une variété infinie de fromages ou s'enrichir aux États-Unis et mener une vie confortable dans une maison en bois de la banlieue de Dallas, du style *French* hameau ?

Vous avez répondu massivement en faveur du fromage.

Résultat, vous ne constituez pas une minorité ethnique, et la France reste pour nous une civilisation bien *étrangère*. Et qui dit pas de minorité ethnique dit pas de lobby auprès de Washington. Taper sur l'Italie quand on compte 25 millions d'Italo-Américains chez nous ? Pas question. S'en prendre à l'Allemagne quand le Wisconsin est entièrement peuplé d'originaires de ce pays ? Mauvaise idée. Mais agresser la France, là on peut y aller !

Avant la polémique sur l'Irak, il existait déjà un vieux fond de préjugés contre les mangeurs de grenouilles et leur culture parfaitement inaccessible aux masses américaines. Un Maurice Chevalier ou un Yves Montand ont été acceptés (à condition de parler américain), mais les vraies idoles de l'Hexagone, les Dalida et Clo-Clo, les

Johnny ont été boudés. Essayez de proposer un scénario français à un producteur de Holly·wood : *« Too French ! »* (trop français), telle est généralement la réponse, comme si cela venait de la planète Mars. Si le projet a un fort poten·tiel au box-office, alors les Américains réclament un remake, avec stars hollywoodiennes.

Nos scénaristes sont les premiers à traduire le sentiment populaire antifrançais. Le réalisateur Peter Weir a ainsi dû surmonter un petit obsta·cle en adaptant au cinéma le roman d'aventure de l'Irlandais Patrick O'Bryan, *Master and Commander*. Car l'adversaire du vaillant capitaine anglais, Jack Aubrey, et de son équipage, cette frégate *Norfolk* qui terrorise d'innocents baleiniers, est bel et bien américain. Les méchants sont amé·ricains ? Carrément suicidaire quand on veut faire des entrées aux États-Unis.

C'est alors que Weir et son équipe, qui lisent les journaux, ont eu une idée géniale : la frégate américaine est soudain devenue française ! Le *Norfolk* devient l'*Acheron*, et tout le monde est content.

« C'est suffisant pour faire réagir les obsédés de la conspiration », note *The New Yorker*, et cela renforce « l'idée que désormais Hollywood en·tonne l'air de Washington en choisissant de noircir la France ».

En vérité, si une certaine francophobie existe depuis longtemps dans notre pays, elle ne fait la

une des quotidiens que depuis peu. L'étiquette
« *made in France* », outre-Atlantique, n'est pas toujours un atout. Si nous avons dû nous incliner
devant un incontestable savoir-faire et une certaine suprématie culturelle française, il n'en va
pas de même dans d'autres domaines. Aux
yeux des Américains, la France est le pays du
luxe, du vin et du champagne, ça oui. On en re-
demande. Mais le Minitel, la carte à puce, là on
dit non. Vous n'y pouvez rien, mais l'Américain
a du mal à accepter l'idée d'une France pointue
sur le plan technologique. (Sauf pour les pneus
Michelin qui ont fait un tabac et sont maintenant fabriqués dans nos usines et donc assimilés
à un produit *made in USA*.)

Prenez la Caravelle, excellent biréacteur français des années 60. Il a été acheté par United
Airlines, mais à seulement 20 exemplaires. Les
passagers semblaient bien aimer ce « *Whispering
Jet* » (l'avion qui murmure) pour son silence (relatif), mais l'expérience n'a pas été renouvelée
lorsque le supersonique Concorde a fait son apparition sur le marché. Trop bruyant, trop cher,
too French, ont jugé les lignes aériennes US qui
ont remis leur chéquier dans le tiroir. Et lorsque
cet avion a cessé la liaison transatlantique, les ri-
verains de l'aéroport JFK à New York ont sablé
le « champagne » américain en criant « Bon dé-
barras ! »

Avec la crise irakienne, les Français sont devenus le sujet de nombreuses blagues bêtes et méchantes où ils apparaissent comme des lâches. Interviewé par un reporter américain en Irak, Matt Nichols, un lieutenant des marines de la 15ᵉ unité expéditionnaire, pose en rigolant la question : « Comment un soldat français fait-il pour saluer ? » Et il lève les deux mains en l'air dans un geste de capitulation. Certains Américains ne pardonneront jamais à la France d'avoir capitulé devant la Wehrmacht de Hitler, même si la suite des événements a montré que la totalité des forces alliées, et sur deux fronts, n'étaient pas de trop pour venir à bout des Allemands.

Ce genre de stéréotype a certes la vie dure parmi mes compatriotes, qui ont une connaissance limitée de l'Histoire, mais il ne faut pas sous-estimer les effets concrets du différend franco-américain suscité par la campagne – officieuse – de boycott (même si elle s'essouffle un peu depuis que la résistance des Irakiens a montré que Paris n'avait pas tout à fait tort)

Bill O'Reilly, le « pape » du boycott des produits français, est un célèbre présentateur de Fox News, chaîne superpatriote appartenant à Rupert Murdoch, un Australien devenu américain et plus royaliste que le roi. Il veut avec ses sympathisants faire payer aux Français le prix d'une politique étrangère indépendante. Et pour cela, l'arme économique est un atout de poids, puisque la France jouit, bon an mal an, d'un excédent de quelque 10 milliards de dollars avec les États-Unis. Nul doute qu'un ralentissement des échanges aurait des répercussions sur l'emploi dans l'Hexagone. « Il faut montrer aux *Frenchies* qu'ils ne peuvent pas nous traiter comme ça en toute impunité. Pourquoi, au nom du ciel, devrait-on enrichir un pays faux cul avec nos dollars ? » interroge avec délicatesse O'Reilly.

Et la vedette de Fox News de publier une liste de sociétés ou de produits français qu'un consommateur américain se doit de boycotter. On y trouve entre autres : Air France, Baccarat, Bic, Bollinger, Cartier, Clarins, Danone, Dom Pérignon, Évian, Hennessy, Grey Goose (vodka), Moët et Chandon, Peugeot, Renault, Veuve Clicquot et Yves Rocher. Néanmoins pragmatique, le présentateur déconseille de snober les chaînes d'hôtels Accor, car « cela pourrait créer du chômage parmi le personnel américain de ces établissements ».

Dans sa ligne de mire, on trouve donc surtout des produits de consommation. « Au lieu de boire de l'Évian, on peut très bien choisir l'eau minérale Poland Spring », propose O'Reilly, un produit qui, en dépit de son nom, est d'origine américaine.

Tremblez, Français ! Enfin, pas trop. Difficile d'imaginer une Américaine refuser la dernière crème antirides de Clarins afin de punir le quai d'Orsay. La vraie, l'éternelle, la cruelle guerre contre toute trace de vieillesse prime les petits conflits comme l'Irak. Et le jour où dans un bar chic de Manhattan on verra une jeune et élégante New-Yorkaise commander un verre de Poland Spring, les cochons pourront enfin voler de leurs propres ailes, comme on dit familièrement chez moi à Columbus.

N'oublions pas qu'une chaîne comme Fox News consacre 10 % aux actualités et 90 % au *show biz*. Le boycott des produits français, c'est du spectacle à 100 %. Et, d'ailleurs, les discussions d'O'Reilly avec son public sont parfois surprenantes.

« Je déteste ces Français, et quand on pense que nos militaires les ont libérés trois fois, râle un auditeur du nom de Stephen Moore.

– Trois fois ? demande O'Reilly.

– Oui. La Première Guerre mondiale, ensuite la Deuxième et puis la guerre froide, bien sûr », répond Moore.

Pauvres Français qui ne savaient qu'ils étaient occupés par les rouges !

En réalité, ce type d'appel au « boycott » ne vise ni à changer la politique française, ni à punir les Français, mais sert de faire-valoir à O'Reilly. Jackpot ! Son dernier livre très polémique, véritable ode à la droite politique, est numéro un sur la liste des meilleures ventes du *New York Times*. Merci, Lafayette, devrait dire O'Reilly.

De toute façon, un boycott américain est voué à l'échec, mondialisation oblige. Pour John Magnus, spécialiste du commerce international à l'université de Baltimore, « la grande majorité des importations françaises n'est pas identifiable, comme un flacon de parfum ou une bouteille de champagne. Il s'agit pour la plupart de produits intermédiaires, pièces de moteurs et produits chimiques, par exemple. Même l'Airbus comporte de nombreux éléments fabriqués chez nous, ou chez d'autres alliés, comme les Britanniques. Dans ce contexte, un boycott n'est jamais chose simple. » Magnus pose la question : « Qui a intérêt à se tirer une balle dans le pied pour attirer l'attention des Français ? » Sans compter que tout boycott va à l'encontre du principe sacro-saint défendu à Washington, le libre-échange.

Dans le domaine culturel, en revanche, les intérêts français sont plus vulnérables, notamment en ce qui concerne la langue française. Les Américains s'acheminent, hélas, vers un statut de « *French free zone* ». Le recul du français outre-Atlantique n'est, certes, pas nouveau. Selon des enseignants de la Modern Language Association, depuis 1990, on constate dans les facultés une baisse de 30 % du nombre d'étudiants en français. Ils sont trois fois plus à étudier l'espagnol. Et, rappelons-le, une écrasante majorité décide de n'apprendre aucune langue étrangère

– plus que jamais, l'Amérique reste une nation tristement monolingue, enfin un pays où chacun parle une seule langue, la sienne (l'espagnol pour les hispaniques). « Je crains qu'un jour on arrête tout à fait d'étudier le français dans nos lycées », me confiait d'ailleurs Maureen Mugavin, qui enseigne la langue de Molière à Columbus.

Et ce n'est pas la crise franco-américaine qui va redorer le blason de la France, surtout dans le *Heartland* du pays, dans cette Amérique profonde où l'influence européenne semble bien faible. On parle encore de l'« incident de Carcassonne », un événement mineur mais significatif. Depuis 1976, la Springside School, une école de filles de Philadelphie, accueillait chaque été une quinzaine de jeunes Carcassonnaises pour un échange culturel. Le jour où quatre familles américaines ont annulé leur participation en signe de protestation contre la politique française, l'école a jugé bon d'annuler carrément le programme.

Dommage. Mais ces jeunes Françaises ont en quelque sorte été épargnées, car Philadelphie passe pour la ville la plus ennuyeuse de notre pays (pire que Columbus). L'acteur comique W. C. Fields aimait à raconter que si le premier prix d'un concours à la radio était un séjour d'une semaine à Philadelphie, tous frais payés, le deuxième prix était deux semaines…

New York, c'est pas l'Amérique

Ne croyez pas toutes les méchancetés que les voyageurs racontent à propos de New York. Les braves citoyens de cette métropole sont aussi chaleureux et accueillants que dans n'importe quel pittoresque village de l'Eure — notamment celui que l'on se propose de raser pour construire un nouvel aéroport international.

Je ne suis pas près d'oublier mon dernier séjour sur les rives de l'Hudson. Un jour à Manhattan, je demande l'heure à un natif qui descend la Cinquième Avenue. Il porte un nœud papillon, signe à New York (je l'ai compris voici des années) d'une certaine ouverture d'esprit, ou d'une totale excentricité. Malheureusement pour moi, cet individu appartient à la deuxième catégorie.

L'homme s'arrête net, l'air vexé, comme si je le retardais et risquais de lui faire perdre une fortune à la Bourse. En guise de réponse, il me pose à son tour une question :

« Vous n'êtes pas d'ici, n'est-ce pas ? » « *You're from out of town, aren't you ?* »

Je confirme que j'arrive de l'Ohio.

Il enchaîne : « Et vous voulez savoir quelle heure il est, Monsieur de l'Ohio. Eh bien, j'ai une montre, certes, mais ce n'est pas vous qui m'avez aidé à la payer. » Sur ce, il continue son chemin.

J'ai depuis pardonné à ce mufle, car les habitants de cette ville sont tous affreusement torturés, complexés et névrosés. L'homme au nœud pap était probablement en retard pour sa séance psy à 10 euros les 60 secondes.

Contrairement à ses compatriotes provinciaux, le New-Yorkais est snob, excessivement tendance, râleur et, preuve définitive s'il en fallait une de perversion, grand admirateur de la culture française.

Ah ! j'oubliais, il est aussi particulièrement difficile. Au restaurant, un habitant de la Grosse Pomme ne peut manger que si on lui a attribué la meilleure table. La qualité de la cuisine est secondaire. De passage dans un palace, il fera scandale si sa chambre n'a pas une vue imprenable, ou s'il entend le moindre bruit de circulation.

Le New-Yorkais qui ressent un jour le besoin de changer d'air choisit systématiquement les deux États les plus hors norme du continent nord-américain, la Californie ou la Floride. Sauf pour le ski qu'il ne pratique que dans le Colorado et tout schuss. À ses oreilles, le mot « provincial » sonne de manière péjorative et il considère les autres Américains, comme des *out-of-towners*, des « pas d'ici », des Hurons tout juste bons à venir de temps en temps dans leur ville occuper des chambres d'hôtel frappées de quatre taxes différentes. Notons cependant que les habitants de Los Angeles qui bénéficient d'une appellation d'origine contrôlée – ils habitent « L.A. » – échappent à ce mépris. Le reste du pays est assimilé à une *terra incognita*, de vastes espaces qui s'étendent de Central Park au Rodeo Drive de Hollywood et qu'on appelle le *Heartland.* C'est dans cette zone indéfinie que prolifèrent à perte de vue centres commerciaux, fast-foods, bowlings, stations d'essence, et que règne un vide culturel, intellectuel et gastronomique terrifiant. Leur vision n'est d'ailleurs pas totalement fausse. Le vrai New-Yorkais se sent plus d'affinités avec un ressortissant de Milan ou de Singapour qu'avec un type de l'Ohio comme moi.

Rien d'étonnant à cela puisque New York s'est inspirée de l'étranger, en particulier de la France, pour son modèle administratif. Autrement dit, on y trouve deux fois trop de fonctionnaires municipaux et des syndicats qui appellent à la grève *avant* le début des négociations salariales.

Sur les rives de l'Hudson, on dépense son

argent comme si le toubib ne vous accordait qu'une semaine de survie. La devise à l'honneur, c'est le billet de 100 dollars. Tout se compte en multiples de 100 dollars. Au-dessous, vous ne pouvez rien acheter. Le billet de 10 dollars est réservé aux pourboires. Et le sympathique billet d'un dollar ne sert, une fois soigneusement plié en quatre ou en huit, qu'à caler les tables des restaurants ou à inhaler des lignes de coke.

À ce propos, si le garçon daigne vous faire un petit sourire – l'unique de votre séjour –, c'est parce que le service n'est pas compris et qu'il attend ses 25 %. Sinon, pas la peine de revenir. Dans les hôtels, l'arnaque est une institution, un *business model*. Un exemple : les appels téléphoniques passés de votre chambre sont facturés même si votre interlocuteur ne répond pas. La base de référence est le temps où vous laissez sonner dans le vide. Je ne plaisante pas.

Il y a une dizaine d'années, mon copain Morris, lui aussi originaire de Columbus, a passé une semaine à Manhattan pour assister à une conférence. Il est rentré chez lui sans un sou et ne s'en est toujours pas remis.

« J'ai dépensé en sept jours de quoi vivre trois mois à Columbus », m'a-t-il avoué.

Habiter New York ? Hors de question ! Le *West Side*, c'est boboland. Le prix du mètre carré représente, en fonction du taux de change, à peu près la dette nationale de la Zambie. Tandis que dans le luxueux et distingué *East Side*, un mixte de l'avenue Foch et du 7ᵉ arrondissement, l'estimation serait de l'ordre des frais de bouche de l'Hôtel de Ville de Paris à l'ère Chirac. Inabordable, quoi.

Si vous avez les moyens de payer une rançon pour un bel appartement situé dans le bon Manhattan, vous ne serez probablement pas loin de ce grand centre de loisirs en plein air, ce « poumon » urbain, délicieusement boisé et fleuri du nom de Central Park. Vous pourrez y faire des promenades ou du footing, à condition, bien sûr, d'être ceinture noire de karaté.

Avoir un enfant à New York ? Soyons sérieux. Une place dans une crèche peut chercher dans les 25 000 dollars par an, à condition d'être assez pistonné pour en trouver une et que votre héritier réussisse le concours d'entrée (il existe des prépas adéquates). Sandy Weil, le patron de la puissante Citibank, a dû verser un million de dollars (pas de sa poche, au grand dam de ses actionnaires) pour dégager une place.

Quelques indices confirment que la Grosse Pomme pourrait se nommer Paris-sur-Hudson. La vie politique, par exemple. Tandis que deux partis politiques suffisent au reste du pays, on en compte à New York une bonne douzaine dont certains qui pleurent encore la chute du mur de Berlin.

Mais le plus incroyable pour nous, les vrais

Américains, c'est que dans cette ville portuaire et cosmopolite on trouve des centaines de milliers de gens – et je ne plaisante toujours pas – qui n'ont pas de voiture et même pas de permis de conduire. Des gens qui pour se déplacer prennent des taxis, et ceci pendant toute une vie ! À Columbus, nous avons au total une demi-douzaine de taxis, en cas de panne de voiture. Là-bas, ils ont même des spécialistes pour vous dégotter un taxi, des *doormen*, sorte de concierges revêtus d'un uniforme d'empereur autrichien style François-Joseph, qui attendent dans le lobby des résidences de luxe et se précipitent dans la rue en hurlant « Taxi ! » à votre place. Un petit service récompensé de 1 000 dollars en étrennes chaque année. Sauf pour le *doorman* du prestigieux immeuble « le Dakota » qui n'a pas empêché John Lennon d'être assassiné pendant qu'il hurlait « Taxi ! ».

Sur le plan politique, le New-Yorkais est tout naturellement capitalo-gaucho-collectiviste. Un rien contradictoire, non ? Eh bien, nullement à ses yeux. Ainsi, on ne trouve à New York que des rues et des avenues à sens unique, qui sont, comme n'importe quel écolier de Columbus vous le dira, un pur produit du socialisme. Dans l'Ohio, cela n'existe presque pas car nous croyons en la liberté de l'automobiliste.

Et puis, New York est truffée de communautés du style néosocialiste. Je m'explique. La

majorité des immeubles résidentiels constituent
une espèce de soviet revu par le capitalisme,
dont la gestion ferait de l'ancien régime mosco-
vite un modèle de transparence. Car, si les
appartements parisiens sont gérés démocratique-
ment, les fameux immeubles « *co-ops* » (copro-
priétés) de la Big Apple vont beaucoup plus loin,
et sont constitués comme des trusts, avec des
actionnaires. Achetez un logement et vous deve-
nez non pas copropriétaire mais « actionnaire »
avec le droit d'habiter, par exemple, le 23ᵉ étage,
porte gauche. Mais vos prérogatives s'arrêtent
là, car l'appartement continue d'appartenir à la
collectivité. Bien sûr, on doit aussi justifier de
gros moyens financiers, un argument que n'importe quel Américain peut comprendre. Au très
chic 740 Park Avenue, la maison où a grandi
Jacqueline Kennedy Onassis, il ne faut pas espérer emménager à moins d'avoir les reins soli-
des : 100 millions de dollars d'avoirs en liquide
est le minimum requis par les autres « actionnaires », vu que le moindre ravalement coûte
240 000 dollars par habitant.

Revendre ou louer s'avère périlleux, car le soviet suprême peut très bien refuser le nouveau
venu par le biais de ce qu'on appelle l'« *entrance
interview* » (entretien d'entrée). Il a lieu devant
un jury populaire de résidents qui ferait trembler n'importe quel candidat à Polytechnique.

« On nous a même demandé si on comptait

avoir des enfants, quand, et combien. Incroyable ! » m'a confié un journaliste français venu s'installer à New York. Il a fini par être accepté, mais c'était avant la crise irakienne.

L'ancien président Richard Nixon a été recalé par le jury de l'immeuble où il voulait s'installer, de même que Michael Douglas, Madonna et Calvin Klein. Les jurys ne sont pas tenus de justifier leur décision, prise souvent pour des raisons allant du look à l'accent, la profession ou simplement une antipathie quelconque. Sans oublier le tabagisme. Dans certains endroits, il est interdit de fumer même chez soi, toutes portes fermées et fenêtres ouvertes.

En 2002, lorsque les résidents du Dakota (où fut tourné *Rosemary's Baby*), l'un des rares immeubles à accepter les vedettes du show biz, ont refusé d'accueillir dans leurs murs la chanteuse Carly Simon (auteur du tube : *You're So Vain*), celle-ci a protesté avec éclat dans les médias, accusant le *co-op* « de manières dignes du Kremlin de l'époque stalinienne ». Commentaire de Morris, qui a suivi la controverse depuis Columbus : « Elle a tout à fait raison, cette chanteuse, ces New-Yorkais ne sont pas de vrais Américains. »

Politique :
une affaire d'hommes et de gros sous

En politique, l'Américain n'a rien d'un idéologue forcené. Pour nous, Marx, c'est Groucho, celui qui fumait des cigares, pinçait les fesses des femmes et avait trois frères. Mais le vrai comique, c'était l'« autre », Karl l'Allemand, car il prétendait qu'un chirurgien et un plombier devaient toucher les mêmes salaires. Or, tout le monde sait qu'un bon plombier vaut trois fois plus.

Éternelle source de confusion et d'étonnement pour les Français, nous n'avons que deux partis politiques. Vous, les Gaulois, vous avez besoin des doigts des deux mains *et* des deux pieds pour compter les formations de l'Assemblée nationale. Vous êtes un pays de matheux.

Pour ceux qui ne connaissent pas notre vie politique, voici un petit truc pour distinguer nos deux grands partis : les démocrates sont procapitalistes, libéraux et antiétatistes. Les républicains, idem. Mais s'il fallait transposer nos partis dans un contexte français, on pourrait dire que

les démocrates (Kennedy et Clinton) sont conservateurs, tandis que les républicains (Bush et Reagan) sont réactionnaires. Les démocrates veulent
aider les pauvres à devenir riches et pourris,
tandis que les républicains sont là pour aider
ceux qui sont déjà riches à le rester. Chez nous,
Alain Madelin ferait figure de gauchiste et Oli-
vier Besancenot serait traqué comme Oussama
ben Laden.

Tous les quatre ans, l'électeur doit tout de
même choisir qui envoyer à la Maison Blanche
– c'est notre Constitution qui le veut. Une tâche
apparemment si désagréable que 50 % des citoyens ne votent pas. Dans la vie quotidienne,
l'Américain moyen ne s'identifie pas à un parti,
mais plutôt à Visa, Master-Card ou American
Express. Si jamais vous êtes invité à dîner dans
un foyer américain, vous verrez qu'on y discute
politique aussi volontiers que les Français de
leur bas de laine.

L'investiture des candidats à la présidence se
fait à la suite des élections « primaires » orga-
nisées dans les différents États : à la base pour
se prononcer dans la plus grande transparence.
On est loin des manières féodales des partis
français qui inscrivent sur les listes électorales
copains et coquins, comme s'il s'agissait de lan-
cer des invitations pour un week-end.

En théorie, ces primaires sont une bien belle
invention, en pratique, c'est autre chose. Dans

quelques États, il s'agit non d'un véritable scrutin mais d'un *caucus*, un rassemblement informel des fidèles du parti, enfin de ceux qui n'ont pas autre chose à faire ce soir-là. Il arrive souvent que le « gagnant » soit déclaré perdant par les médias pour la simple raison que son score est plus bas que prévu. Alors, la veille du scrutin, les candidats se livrent à un petit exercice (comme les entraîneurs des équipes sportives) qui consiste à minimiser leurs chances, afin de pouvoir ensuite se prévaloir du résultat acquis.

Le vainqueur recevra l'investiture de son parti au cours d'une « convention » qui se tient toujours l'été avec, en dommage collatéral, une consommation d'électricité due aux climatiseurs égale à celle du continent noir pendant dix ans. Ces rassemblements médiatiques ne sont en fait, pour nombre de délégués, que de vastes baisodromes riches en fantasmes – ô spectre de Monica Lewinsky ! –, et pour les fidèles du parti, un moment solennel de la grande démocratie américaine. En tout cas, le gagnant est tenu à l'écart, bouclé avec sa famille dans un hôtel, et ne fait son apparition que pour « accepter » l'investiture au terme d'un discours « personnel » et plein d'émotion peaufiné depuis trois mois par une équipe de spécialistes en communication.

Après dix-huit mois, s'ouvre enfin la vraie campagne, qui dure deux mois. (Notre processus électoral, comme vous le voyez, a la brièveté d'une gestation d'éléphant.)

Comment gagner ? C'est très simple : la stratégie consiste à « vendre » le candidat comme s'il s'agissait d'un shampooing, avec des spots télé (qui dénigrent souvent la réputation de l'adversaire), dont le nombre n'est limité que par l'argent dont dispose chaque parti. L'électeur américain est peut-être l'« homme sans politique » que décrit le romancier allemand Thomas Mann, mais, en fin consommateur, il sait reconnaître un produit dont la date de péremption dépasse les quatre ans.

Le boulot des conseillers électoraux, qui avalent tous un antianxiolytique par heure, consiste à éviter que leur homme ne dise un seul mot qui n'ait pas été programmé longtemps à l'avance dans des séances de training intensif. Quand un candidat américain se met à parler de son propre fait, c'est généralement un désastre. George Bush, pendant la campagne de l'an 2000, avait ainsi révélé qu'il ne savait pas sur quel continent se trouvait l'Afghanistan. Et tout le monde se souvient de l'interview accordée en 1976 par le candidat Jimmy Carter au mensuel *Playboy*, dans laquelle il avouait avoir commis l'adultère… en pensée. Il fut tout de même élu parce que son rival républicain, Gerald Ford, avait un QI si faible qu'il n'arrivait pas à mastiquer un chewing-gum et à marcher en même temps.

Chez nous, être un as de la rhétorique ou un excellent débatteur compte beaucoup moins que dans l'Hexagone. Les hommes politiques français profèrent des mensonges avec de belles phrases, les nôtres, avec très peu de mots. *Time is money*, après tout.

En l'absence de compétition idéologique, sur quelle base élire l'occupant de la Maison Blanche ? Sur sa carrure de « président » et sa personnalité (lire : moralité). Il faut aussi qu'il soit un peu sympathique, puisque ce « Potus » *(president of the United States*, comme l'appellent ses gorilles) va s'inviter sur le petit écran du living-room pendant 48 mois. C'est pourquoi je ne vois qu'un seul homme politique français capable d'accéder au pouvoir chez nous, Jack Lang, qui a compris qu'un beau sourire est plus efficace que de vraies réformes.

Mais attention, le candidat yankee doit aussi nous faire deviner ce qu'il a dans les tripes — les apparatchiks aux ordres d'un parti peuvent aller se rhabiller. Pourquoi ? Parce que, une fois à la Maison Blanche, le nouveau président aura accès au fameux « bouton », celui qui peut envoyer des milliers de missiles à ogive nucléaire. Et, comme le disait le politologue anglais du XVIIIe siècle Edmund Burke, dans ces moments-là, ce qui compte, c'est le « discernement » d'un leader et non la ligne d'un parti.

Le candidat et son équipe doivent donc se

prononcer sur des questions de fond, du style :
faut-il ou non laisser couler une larme de temps
en temps pour montrer aux électrices du pays
qu'on est du genre sensible et non une brute
sans âme ? Pas facile de trancher. George Bush
a opté pour une stratégie larmoyante lors de sa
visite éclair aux GI en Irak pour partager le repas
de la fête de *Thanksgiving* de 2003. Mais, en
1972, la larme à l'œil du candidat à l'investiture
démocrate Edmund Muskie lui a été fatale. À
l'inverse, la réaction de Michael Dukakis, le
malheureux adversaire de Bush père en 1988,
avait été catastrophique. Alors qu'on lui demandait ce qu'il ferait si son épouse avait été violée,
il avait répondu sèchement : « Je ferais appliquer
la loi. »

Une chose positive, en tout cas, dans la vie
politique américaine : la corruption n'y existe
presque plus, car il faut *déjà* être multimillion-
naire pour être élu, à l'inverse de la France où
l'on commence à s'enrichir une fois arrivé au
pouvoir. Mais peut-être en faisons-nous un peu
trop dans ce domaine. En 2002, on a découvert
que presque la moitié des nouveaux élus au
Congrès étaient effectivement millionnaires. On
a aussi vu un certain Jon Corzine, démocrate
néophyte du New Jersey, « acheter » quasiment
son siège de sénateur en sortant de sa poche
60 millions de dollars pour sa campagne (soit
40 dollars par voix obtenue), comme le faisaient
les parlementaires anglais au XIXᵉ siècle. Il faut

dire que Corzine, ex-patron de la banque d'affaires new-yorkaise Goldman Sachs, pouvait se le permettre.

« Et alors ? » répond le commentateur politique Michael Medved. « Que ces mêmes nouveaux membres du Congrès ne soient pas à l'image de la population n'a rien de nouveau. Ils ont aussi tous un niveau bac plus quatre, ce que 75 % des électeurs n'ont pas. »

Une fois arrivé à la Maison Blanche, le gagnant peut respirer. Enfin, pas tout à fait, car le Congrès, où les partis politiques n'exercent qu'une autorité limitée, n'est pas une assemblée de godillots comme le Palais-Bourbon. Chaque sénateur et chaque député est un petit dictateur en puissance, dont le seul programme est d'assurer sa pérennité en faisant voter pour sa circonscription des projets payés par tous les contribuables.

Et puis, le président doit aussi penser à récompenser ceux qui ont « aidé » sa campagne (et payé tous ses spots publicitaires) : ce sont ces fameux lobbys, ceux qui parlent, au choix, au nom des banquiers, des fanatiques du port d'armes, des anti-IVG, des géants de l'industrie pharmaceutique, des patrons du *Big Business*, des marchands de canons et autres amoureux du processus démocratique.

Sans ces gars-là, nos élections ne seraient qu'un grand débat d'idées, à la française. Dieu nous en préserve.

Floride, l'enfer des élections

On dit souvent que les big boss de Hollywood ne font que des films qui rapportent un maximum de fric. Calomnie ! La preuve, ils ont produit pour expliquer — en bon service public — le système électoral aux électeurs américains : *Gangs of New York*, avec Leonardo Di Caprio.

Voter tous les quatre ans, c'est un vrai calvaire pour nous. Voir nos deux grands partis se livrer à un combat de titans où tous les coups sont permis (y compris le doigt dans l'œil), c'est déjà traumatisant. Mais décrypter en plus un bulletin de vote qui a (presque) la concision de votre bottin (en moins lisible), avec des vingtaines de postes à pourvoir et des questions (différentes selon les États) aussi brèves qu'une nouvelle de Maupassant... Alors ne vous étonnez pas que l'Amérique, le pays qui a envoyé un homme sur la Lune, n'arrive pas à décompter ses bulletins de vote, surtout en Floride.

Et d'ailleurs, j'en ai marre, vraiment marre,

d'expliquer à mes amis français comment George W. Bush est arrivé à la Maison Blanche en totalisant 500 000 voix de *moins* que le malheureux candidat du parti démocrate, Al Gore. Depuis novembre 2000, à la suite du dépouillement du scrutin présidentiel en Floride, ma vie en France est devenue un enfer. Tout ça parce que les Français n'ont pas la mémoire courte.

« Bonjour, la république bananière ! » Salutations désormais rituelles d'un copain parisien, Jean-Paul. Il n'a pas oublié ces quelque 537 voix floridiennes, mal comptées, dont dépendait le résultat national. Ni les plaidoiries devant les magistrats et la décision hautement politique de la Cour suprême qui s'ensuivirent, avec le résultat que l'on connaît.

Alors, quand Jean-Paul m'offre un verre, il me somme de lui expliquer encore une fois comment cela a pu arriver dans « une grande démocratie moderne » (je cite). Et je me lance pour la énième fois dans un exposé sur notre collège électoral avant de comprendre que Jean-Paul se moque de moi.

Bon, je recommence pour vous, mais cette fois, c'est la dernière, hein ?

Tout d'abord, si Bush est arrivé au pouvoir, c'est un peu la faute des Français, ou plutôt du baron de Montesquieu. Impressionnés par sa méfiance du peuple et du pouvoir absolu, les Pères fondateurs des États-Unis ont opté pour un scrutin indirect par État, plutôt que direct et national comme chez vous. La présidentielle est donc une élection par les 50 États, chacun ayant un nombre de « grands électeurs » plus ou moins en rapport avec sa population. Mais, nuance, le candidat qui gagne par exemple dans le Kansas, ne serait-ce que d'une seule voix, gagne *tous* les grands électeurs de cet État. Pour accéder à la Maison Blanche, il faut avoir la majorité dans ce collège électoral. Compris ? Ne vous en faites pas, la plupart des Américains n'y comprennent rien non plus.

Plus de 200 ans se sont écoulés et on a trouvé le temps de modifier à trente-deux reprises notre chère Constitution, notamment pour interdire la vente de l'alcool, puis la rétablir ensuite, ou pour interdire plus de deux mandats présidentiels (par crainte de voir un nouveau Franklin Roosevelt avec ses quatre mandats devenir un véritable César). Mais l'occasion de moderniser la loi électorale de fond en comble ne s'est jamais vraiment présentée (parce que les partis s'y opposaient). Le système électoral américain est aussi ancestral que la récolte des truffes dans le Périgord. Ça marche pour les truffes, moins bien pour les élections.

Il y a une autre chose que je cache à mon ami Jean-Paul, c'est la fraude. Chez nous, elle existe dans *toutes* les élections. La complexité des bulletins de vote et la décentralisation, qui attribue à chaque localité la responsabilité de l'impression des bulletins et du décompte, facilitent les manipulations frauduleuses. En Amérique, les hamburgers sont standards, mais pas les bulletins de vote. Avec comme conséquence une inefficacité totale, voulue, là encore, par les partis politiques.

Fausser le résultat d'un scrutin ? Voilà une longue tradition perfectionnée par ces immigrés du XIXᵉ siècle (venus principalement d'Europe, bien sûr) qui ont vu là une belle occasion pour promouvoir leur version d'une démocratie fondée sur les clans et le clientélisme, à base de communautés ethniques. Quand le démocrate John Kennedy a battu Richard Nixon en 1960, les républicains ont crié à la fraude, accusant le célèbre maire démocrate de Chicago, Richard Daley, bien aidé par le maffioso Sam Giancana, d'avoir fait basculer l'Illinois du côté de Kennedy. Des années durant, Nixon (finalement élu en 1968) prétendait qu'il n'avait pas contesté ce résultat « pour éviter au pays de se déchirer ». Des clous ! Les républicains, qui s'étaient eux aussi livrés à des manips dans d'autres États, craignaient d'être dénoncés. Morale de l'histoire : Kennedy assuma les plus hautes fonctions de la république américaine parce que son parti était le plus habile à tricher. Dans une élection ultra-serrée, chaque voix volée peut peser très lourd, comme en Floride.

Il existe différentes manières modernes de tricher. La plus simple consiste à empêcher les électeurs favorables au parti adverse de se rendre aux urnes. Et là, tous les moyens sont bons. Prenons une circonscription qui compte une forte présence d'électeurs noirs. Un maire républicain, conscient du manque de soutien de cette communauté, pourrait avoir la « gentillesse » de poster deux flics devant chaque bureau de vote. Effet dissuasif garanti puisqu'on trouve rarement dans le ghetto une famille noire dont l'un ou l'autre des membres n'a pas eu des démêlés avec les forces de l'ordre, voire un ami ou un parent qui fait ou a fait de la taule.

On ne s'étonnera donc pas d'apprendre que l'actuel président de la Cour suprême des États-Unis, William Rehnquist, a conquis ses galons dans la hiérarchie républicaine en commençant comme « *monitor* » dans l'Arizona. La tâche du jeune homme consistait à systématiquement contester la présence des électeurs qui faisaient la queue pour voter dans une circonscription favorable au parti démocrate. Les deux partis ont effectivement le droit de placer des contrôleurs pour certifier qu'il n'existe pas d'anomalies. Mais que pouvait-il bien contester ? Il demandait simplement les cartes et parfois d'autres documents pour s'assurer que les papiers n'étaient pas « volés ». Ainsi, en faisant traîner les formalités, il dissuadait les électeurs qui voyaient s'allonger la file d'attente. Et, comme aux USA on vote toujours un mardi, jour non chômé, de nombreux électeurs finissaient par renoncer à leur devoir civique pour aller travailler. Avec de telles méthodes, il ne faut pas s'étonner que notre taux de participation soit le plus bas des grandes démocraties.

Il y a encore une quarantaine d'années, dans le Sud raciste, certains faisaient passer aux Noirs des *literacy tests* pour les empêcher de voter. Ils leur posaient des questions du genre : combien de bulles se trouvent sur une savonnette mouillée ? Depuis, on a abandonné ces pratiques, et les Noirs participent eux aussi pleinement au processus électoral… Enfin, presque. En Floride, la majorité républicaine a voté une loi qui prive un ancien détenu du droit de vote (la population carcérale est majoritairement noire). Et pour être sûr de n'en oublier aucun, on a allégrement supprimé les cartes électorales de tous les homonymes vivant dans le même quartier − sans les prévenir. Ce n'est qu'une fois devant le bureau de vote qu'ils apprennent la bonne nouvelle. Trop tard pour contester ! Plus de 300 000 personnes sont actuellement concernées en Floride, pour la plupart des Noirs.

Mais aux États-Unis, même sans fraude, le résultat d'un scrutin est toujours approximatif, ne serait-ce qu'en raison de la complexité du bulletin. On peut les compter et les recompter deux ou trois fois sans jamais parvenir au même résultat. Nos profs de maths, on devrait les fusiller. Difficile à comprendre pour les électeurs de l'Hexagone auxquels il suffit de glisser dans une enveloppe un bout de papier avec le nom d'un candidat, comme pour régler sa facture EDF, et hop ! c'est fini. Au bistro pour le tiercé, et un verre bien mérité pour le devoir accompli.

Dans une campagne présidentielle américaine, en revanche, le bon peuple vote non seulement pour le chef d'État, mais en même temps pour des dizaines d'autres candidats à des fonctions pas nécessairement politiques. En France, c'est l'État qui nomme tous les fonctionnaires ou magistrats, mais en Amérique le principe de la décentralisation et d'une démocratie plus directe impose cette tâche aux simples électeurs.

Pour vous donner une idée, voici le bulletin de vote de l'an 2000 de ma petite ville de Columbus où il fallait voter pour attribuer les postes suivants :

– président des États-Unis ;
– sénateur (Sénat à Washington) ;
– représentant (Congrès à Washington) ,
– gouverneur de l'Ohio ;
– vice-gouverneur de l'État ;
– procureur-général de l'État ;
– auditeur de l'État ;
– secrétaire d'État de l'État ;

– trésorier de l'État ;
– sénateur du Sénat de l'État ;
– représentant de l'assemblée de l'État ;
– juge, Cour suprême de l'État ;
– juge, Cour d'appel de l'État ;
– maire de Columbus ;
– shérif du comté Franklin ;
– médecin légiste ;
– assesseur des impôts locaux ;
– juges du comté Franklin ;
– membres du conseil de l'éducation.

Ajoutez à cette liste un petit référendum sur un amendement à la Constitution de l'Ohio (oui, chaque État a sa propre constitution), et vous comprendrez l'effarement de certains électeurs, qui manquent souvent d'une éducation civique adéquate. Surtout quand ces référendums sont concoctés de telle sorte qu'un vote « pour » est en fait un vote contre, et vice-versa. Alors, de nombreux citoyens finissent par s'abstenir ou se munissent de la liste des noms conseillés par le journal du coin, le *Columbus Dispatch*, qu'ils peuvent consulter en toute légalité dans le bureau de vote. Une ou deux semaines avant le scrutin, chaque grand quotidien du pays propose ses choix, après avoir interviewé les candidats. À mon avis, le *Dispatch*, journal prorépublicain pur et dur, ne conseillera jamais de voter pour un démocrate, sauf si son rival républicain est un pédophile avéré.

Alors, maintenant, Jean-Paul, t'as compris ? Nous ne sommes pas une république bananière ! Enfin, pas tout à fait. Peut-être juste un peu... En tout cas, je prendrais bien un deuxième verre.

Au secours, on m'invite à dîner

On ne va pas en Amérique pour bien manger, pas plus qu'on ne visite Paris pour son climat. Cela dit, il arrive que la cuisine américaine ait du goût... pour ceux qui sont à jeun depuis 72 heures.

Mais parlons tout d'abord de la table. En France, un bon gueuleton implique une exposition de couverts, un défilé d'assiettes au fil des plats et au moins quatre ou cinq verres pour les différents vins. En Amérique, deux suffisent — un premier pour le Coca-Cola, un deuxième pour l'Alka Seltzer.

Il faut dire que chez nous les repas n'ont rien de très convivial. Selon un récent sondage, plus de la moitié des Américains ne dînent pas en famille, et pour la ménagère type préparer un repas ne doit pas dépasser 15 minutes et salir plus d'une seule casserole. On mange à la manière des cosmonautes, non par plaisir mais pour se maintenir en vie.

Il est facile de se moquer de la cuisine du Nouveau Monde, et on tombe facilement dans le stéréotype, ce que je voudrais éviter. Après tout, certains amis français m'ont assuré qu'ils sont arrivés à bien manger outre-Atlantique. Seulement, quand on les interroge, on découvre vite qu'ils n'ont en réalité visité que New York, Washington ou San Francisco. Des endroits où, moyennant un prêt bancaire, on peut trouver un restaurant français, tenu par un vrai chef français. C'est ce que mes amis appellent en toute innocence « bien manger » outre-Atlantique. Cela dit, il existe des Américains qui se nourrissent d'aliments frais, préparés avec science et talent – mais uniquement pendant leurs vacances, en France ou en Italie. Signalons aussi que le chef cuisinier de la Maison Blanche est français, ce qui amène le FBI à faire goûter au préalable tous les repas du président.

Pour mesurer les capacités culinaires de mes compatriotes, il faut pousser la porte des chaumières. Ce que j'ai fait une fois par inadvertance.

Un couple, James et Louise, m'avaient invité à passer quelques jours chez eux à Columbus. J'avais accepté cette gracieuse invitation car je connais depuis longtemps le frère de Louise, un francophile invétéré.

Permettez-moi de dire que, dans ma carrière de grand reporter pour l'hebdomadaire américain *Newsweek*, il m'est fréquemment arrivé de consommer des tas d'horreurs : des MRE (*meals ready to eat* – repas prêts à manger) sur le front, ces rations militaires préparées sous vide ; en Israël, on m'a fait essayer du *cholent*, dont la saveur est proche de celle de la terre de votre jardin ; en Serbie, c'étaient des salades molles qui laissent un arrière-goût pendant une quinzaine de jours et, le pire (j'en frémis encore), un dîner « fait maison » dans un quartier chic de Londres.

Mais rien ne peut se comparer aux abominations qui m'attendaient pendant ce séjour dans l'Amérique profonde. Depuis lors, j'en ai déjà occulté une bonne partie, mais mon psy m'encourage à en parler afin de me débarrasser de ce traumatisme qui trouble encore mes nuits.

De cette terrible expérience, j'ai retenu quelques images désincarnées, comme dans un film de Hitchcock. Devant moi (comme si c'était hier), un plat à la couleur immonde, à l'odeur nauséabonde, dégoulinant d'une matière orangeâtre, mes hôtes, tels un couple de Nosferatu, fourchettes et couteaux en main, prêts à attaquer. Et Louise de m'annoncer, avec un rire hideux, « Vous allez voir, c'est délicieux ! »

Ce furent trois jours de « créations » gastronomiques pour la plupart à base de Velveeta. Quelques précisions pour le Vieux Continent où l'on a la chance d'ignorer ce « fromage » qui n'est même pas du fromage, au sens français du mot. Très populaire, ce produit phare de la multinationale Kraft Foods orne les tables américaines depuis 1928. Vendu en briques, il a le mérite de vous faire comprendre qu'en comparaison la Vache qui rit est artisanale. Bien sûr, on peut trouver du fromage dans les composantes de cet « aliment à base de fromage », dans les mêmes proportions qu'on trouve du sang afghan chez les Basques. Le reste consiste en un cocktail de citrate de sodium, petit-lait, protéines de petit-lait concentrées, plus deux substances d'apothicaire (de sorcière ?), l'annatto et l'apocarotenal, pour donner de la couleur.

Dès lors, je n'avais plus qu'une idée, échapper à ces séances de torture. Le deuxième soir, j'ai voulu, en guise de remerciements, inviter le couple au restaurant. Louise fut touchée par mon geste, mais refusa.

« Non, non et non ! Je sais combien il est important pour un célibataire comme toi de manger un bon repas fait maison. » (En Amérique, les plus mauvais cuisiniers sont hélas les plus hospitaliers.) Elle nous servit ce soir-là un « ragoût » à base d'une viande vraisemblablement avariée et pleine de nerfs, une recette de sa chère maman. (J'aurais bien aimé voir la tête de sa mère : elle doit sortir avec Frankenstein.)

Je devais découvrir que c'était encore plus exécrable en son absence. Pour cause de bridge, elle me laissa le temps d'un déjeuner entre les mains du bon vieux James, à la retraite depuis deux ans.

« Il n'est pas mauvais en cuisine, mon doux James. Tu vas voir ! »

Le « repas » de son mari consistait à réchauffer deux boîtes de spaghettis Chef Boyardee, encore un nom qui fait date dans les annales gustatives américaines. Ce cuisinier d'origine italienne avait fait un tabac au début du siècle dernier avec ses sauces et ses pâtes, d'où l'idée de je ne sais quel industriel sadico-pervers d'en faire des conserves pour les ménagères américaines pressées.

Dès la première bouchée, je regrettai les plats de Louise, ce qui prouve qu'en gastronomie tout n'est que relatif et que le mauvais est vite chassé par le pire. Je prie les âmes sensibles d'excuser cette comparaison mais les « pâtes » de James ressemblaient à ce que l'on pourrait retirer de l'estomac d'un brave italien surpris par la mort au milieu de sa digestion.

James sortit en mon honneur un vrai fromage – pas du Velveeta cette fois –, un « camembert » du Wisconsin que Louise avait trouvé dans une grande surface, au rayon produits exotiques. Plus petit que vos camemberts et pas exactement « fait », puisqu'il était vendu, lui aussi, en conserve. On aurait pu le remplacer par les pneus Michelin de la voiture familiale, on n'aurait rien remarqué tellement il résistait au couteau.

Pour accompagner ces festins j'avais le choix : café frelaté à l'américaine (ils en boivent même *avec* le repas), lait ou Sprite, un rival de Coca-Cola qui m'a fait hoqueter jusqu'à quatre heures du matin. Un grand absent, et non des moindres : le vin. Après trois jours à New York, Alexis de Tocqueville écrivait à sa mère qu'il trouvait « désagréable » l'absence de vin sur les tables. C'est toujours pareil, quand on aperçoit une bouteille de vin dans ce pays, il s'agit d'un anniversaire ou d'un rendez-vous galant. La grande majorité de mes compatriotes n'en boit pas au quotidien, et n'oublions pas que pour beaucoup d'entre eux toute boisson alcoolisée est, par essence, diabolique. La vente de l'alcool est d'ailleurs encore interdite dans 15 % des comtés du pays.

Nuls en cuisine, les Américains raffolent pourtant des émissions culinaires, des revues gastronomiques et des gadgets les plus sophistiqués. Modernité et cuisine se marient à tel point que dans certaines cuisines, on pourrait poursuivre les recherches sur le génome humain, mais sans pouvoir faire cuire un œuf à la coque.

« Pour ce qui est de la bonne cuisine, les Américains vivent plutôt dans le fantasme, explique Jean Zimmerman, auteur de l'ouvrage *Made from Scratch (Fait maison)*. Ils achètent beaucoup de livres de recettes qui font rêver, et ils voudraient apprendre, mais ils n'en prennent pas le temps. »

Il existe aussi un autre problème, le politiquement correct appliqué aux fourneaux : on doit éviter toute odeur ou parfum trop prononcés, susceptibles d'offenser les narines délicates, comme ces fromages français que nous qualifions de « puants ». Dès lors, il ne faut pas s'étonner de voir notre nourriture – un *melting pot* sans goût – briller par sa neutralité.

Mon copain parisien Jean-Paul, volontiers narquois, trouve que la cuisine américaine a son côté positif : à chaque voyage, il perd quelques kilos parce qu'il n'a plus du tout envie de manger. Et surtout pas le pain, qu'il trouve infect.

« J'ai même vu chez vous, ricane-t-il, des gens qui, par mesure d'hygiène, enlèvent carrément la croûte pour faire un sandwich, comme on épluche certains fruits. Vous, les Américains, vous êtes peut-être une hyperpuissance, mais même dans le tiers-monde on sait faire du meilleur pain que chez vous ! »

C'est vrai. « Aux États-Unis, je ne mange pas de pain, à quelques exceptions près », confirme Steven L. Kaplan, professeur d'histoire à l'université de Cornell et auteur du livre *Le Meilleur Pain du monde : les boulangers de Paris au XVIIIe siècle*.

« À part une poignée de boulangers qui essaient de faire un bon produit, poursuit-il, le pain aux États-Unis est à éviter. On utilise encore dans sa production de l'acide ascorbique et des conservateurs. De toute façon, le public américain aurait du mal à identifier du bon pain, tellement ses facultés gustatives en la matière sont

affaiblies. Nous sommes encore victimes du syndrome du *Wonder Bread* », explique cet expert, citant la plus célèbre marque de pain de mie
industriel dont la qualité spongieuse n'a d'égal
que sa capacité de longue conservation.

Bon, inutile d'insister : on mange mal chez
nous. Mais au fait, Jean-Paul projette d'aller en
vacances aux États-Unis. Je pourrais m'arranger
pour qu'il séjourne à Columbus chez James et
Louise. Une petite cure de Velveeta ne lui ferait
pas de mal.

Columbus, capitale du fast-food

C'est l'heure du déjeuner à Columbus, et mon ami Morris me téléphone pour que je le rejoigne. « Je veux bien, mais où ça ? » Je me méfie des préférences culinaires de ce vieux pote. Tous les soirs, sa femme Shirley l'oblige à se nourrir de fruits et de légumes, ce qu'il fait avec la mine déconfite d'un gosse de huit ans privé de dessert. Alors, pour le déjeuner, il cède à ses papilles gustatives qui le conduisent invariablement dans un fast-food. Bienheureux Morris, il habite Columbus, capitale de la restauration rapide. Nous serions numéro 1 au hit-parade du fast-food *per capita*. La gloire ! Columbus est un anti-Paris culinaire et ses résidents en sont fiers.

« Arby's, répond Morris. J'ai envie d'aller chez Arby's. »

Horreur ! De tous les fasts, l'Arby's est, à mon avis, le plus dégueulasse. Sa spécialité est un sandwich au rosbif reconstitué et coupé en tranches fines aussi sèches qu'une vieille quaker.

Entassées entre deux bouts de pain ramolli comme des dossiers poussiéreux chez un notaire, elles ont un goût de produit antiseptique qui me fait penser à l'antre d'un croque-mort, et je les suppose imprégnées de formol. Je me demande pourtant à quoi serviraient des conservateurs dans une viande aussi salée que la mer Morte. Aucun organisme ne pourrait de toute manière survivre dans ce truc, aucune saveur non plus.

À force de déjeuner avec Morris chaque fois que je rentre au pays, je connais les différents fast-foods de la ville. Et, comme tous les habitants de Columbus, je suis capable d'établir de subtiles distinctions.

McDonald's : le géant de l'industrie vise une clientèle juvénile. Vous risquez donc fort d'avoir un bébé qui vomit à la table à côté. Par contre, son service en direct, de la poêle à l'auto, des plus performant, est très apprécié de mes concitoyens qui aiment bien manger dans leur bagnole.

Wendy's : ce spécialiste du hamburger (qui ne l'est pas ici ?) a fait sa réputation en proposant une viande plus succulente que chez McDo (pas difficile). Son fondateur, Dave Thomas, est originaire de Columbus, et chaque resto est un lieu de culte dédié à ce bienfaiteur de l'humanité, disparu en 2002 à l'âge de 70 ans. On peut voir sa photo accompagnée de sa « philosophie » :

« Notre recette, c'est la qualité. » Peut-être, mais c'est pourtant un fast-food comme les autres.

White Castle : le plus ancien avec son décor vaguement art nouveau n'a plus la cote et sert parfois de repaire aux SDF du coin.

Je passe rapidement sur les autres « grands » du secteur : Taco Bell, Burger King (notons ses boissons en litres), Dunkin'Donuts, Rally's et Kentucky Fried Chicken. Signalons que les deux derniers proposent des « verres » de Coca ou autres drinks d'une contenance de 64 ounces, soit presque 2 litres.

Quand j'arrive chez Arby's, en face du centre commercial Graceland, Morris m'attend impatiemment à l'intérieur de sa grosse Buick garée dans le parking. Il a visiblement très faim.

Résigné à subir encore une fois la « cuisine » d'Arby's, je commande le « Super » sandwich, qui coûte 3,29 dollars.

« *Two for four !* » m'annonce tout de suite et sans autre explication la serveuse, une jeune femme qui doit peser dans les 100 kilos. Deux pour quatre ! Surpris, je ne réagis pas, et elle me fixe pour voir si je suis un handicapé auditif. Les autres clients commencent, eux aussi, à me regarder.

« Veux-tu prendre deux de ces sandwichs pour 4 dollars ? » m'explique Morris. « C'est une promotion, ça fait seulement deux dollars pièce. Vas-y, et je m'occuperai de l'autre à ta place. »

Je capitule et nous voilà assis à une table en formica parlant de tout et n'importe quoi. Dans les fasts, Morris mange avec un enthousiasme qui me surprend à chaque fois. Il n'admet que deux sortes d'aliments, la viande et les pommes de terre. Chez Arby's, il nage dans le bonheur, car il a devant lui deux sandwichs rosbif — le sien et mon deuxième — avec un immense cornet de frites. Et bien sûr, un Coca dans un verre « standard », contenance grosso modo : un litre. Ça lui plaît bien à Morris de ne pas apercevoir sur son assiette l'ombre d'une feuille de laitue ou d'une rondelle de tomate, comme chez Wendy's ou Burger King, où le hamburger, plus vert que rouge, a un aspect végétarien, en tout cas par rapport à ceux d'Arby's.

Pour mon vieil ami, les légumes verts, c'est une punition. Et les fruits, à quoi bon, il trouve que c'est à la limite de l'arnaque.

« Un fruit, je te signale, c'est presque exclusivement de l'eau avec quelques vitamines. Or, je prends déjà un supplément multi-vitaminé tous les jours. Ça suffit, non ? Alors, pourquoi acheter de l'eau au prix des fruits ? »

Question sans réponse de ma part, car je ralentis déjà dans la mastication de mon sandwich. Arby's, une chaîne originaire de Floride, se vante de ses bonnes œuvres pour les orphelins, mais je trouve qu'elle pourrait être plus charitable à l'égard de ses clients en leur donnant, par exemple, un rosbif qui ait un goût de rosbif.

À la fin du déjeuner, Morris me demande, comme un petit service entre hommes, de ne pas évoquer ce déjeuner devant sa femme. Comme si on sortait d'un bordel ! C'est toujours la même chose, après chaque séance de fast-food, il culpabilise parce que son épouse l'oblige pour raison de santé à manger des légumes, qu'elle appelle d'ailleurs *veggies*.

Un peu plus tard, je dîne chez eux et Shirley demande innocemment :

« L'autre jour, tu n'aurais pas profité de la pause déjeuner pour te bourrer encore de ces saletés de chez Arby's ? »

Morris me lance un regard pour voir si c'est moi qui ai vendu la mèche. Je hausse les épaules.

« Je n'ai pas souvenir, chez Arby's, tu dis ? Voyons, chérie… » bafouille-t-il, mal à l'aise.

Peine perdue. D'un ton sec, Shirley explique que sa copine Barbara-Ann a repéré sa Buick dans le parking d'Arby's. Les corbeaux, ça n'existe pas que dans les villages de France.

Fait comme un rat, Morris lance une contre-attaque fougueuse.

« Bon sang ! On peut même pas manger un sandwich dans cette ville sans se faire espionner par tes nombreuses copines. Elles n'ont rien d'autre à faire, ces chipies ? Bonjour la délation !

— Arrête ! Tu sais qu'il faut manger sainement si tu ne veux pas crever avant tes 60 ans ! rétorque Shirley. Tu veux que je sois veuve, c'est ça ?

– De toute façon, c'est Ted qui voulait manger dans un Arby's car il paraît qu'à Paris ça n'existe pas », enchaîne Morris.

Les mensonges désespérés de Morris, sa femme connaît, et, Dieu soit loué, je ne suis pas invité à confirmer. J'ai d'ailleurs l'impression d'avoir déjà assisté à une discussion du même genre chez eux.

Morris revient sur sa santé.

« Je me porte très bien ! insiste-t-il.

– Sauf que tu es constipé à mort depuis trente ans ! » répond son épouse.

Dans l'ensemble, les Américains discutent sans la moindre gêne de leurs problèmes de santé, mais Morris n'aime pas que Shirley évoque sa constipation. Discret, le Morris. Il doit avoir des ancêtres gaulois.

Le lendemain, coup de fil de Morris, aux alentours de midi.

« Si on allait ensemble chez Arby's, toi et moi, pour manger un petit quelque chose ?

– Ensemble ? Tu ne veux pas qu'on s'y retrouve ?

– Je préfère y aller dans ta bagnole. La mienne, on la connaît trop bien. Tu sais, à Columbus aujourd'hui, il n'y a plus aucun respect de la vie privée. »

On ne plaisante pas
avec la bannière étoilée

La finale du simple dames de l'US Open 2003. Les spectateurs remplissent le grand stade de Flushing Meadows, dans la banlieue new-yorkaise, en attendant l'arrivée de Justine Henin-Hardenne et Kim Clijsters. Un escadron de marines prend place sur le court et déplie un énorme drapeau américain, la *Stars and Stripes* (bannière étoilée), qui recouvre complètement le terrain. Ensuite, Natalie Cole se met à chanter *America the Beautiful*.

Une fois terminée cette démonstration de patriotisme en milieu sportif, les deux finalistes belges peuvent enfin commencer à s'échauffer. Un de mes amis journalistes, spécialiste de tennis, me détaille la mise en scène et me pose le plus naïvement du monde cette question : « Pourquoi les Français à Roland-Garros et les Anglais à Wimbledon n'ont-ils pas le même cérémonial ? »

Il suffit de voyager un peu à travers les États-Unis pour comprendre que l'Américain tient à son drapeau comme un homme frigorifié à sa couverture. Notre tricolore à nous est partout, sur les porches des maisons, aux fenêtres, sur les blousons des flics et des plombiers, épinglé au veston des hommes d'affaires. Un ministre du gouvernement Bush sans son petit pin's-drapeau au revers, cela n'existe pas. Votre Tocqueville national (toujours lui), pourtant bien disposé envers les mœurs américaines, trouvait ces incessantes manifestations de patriotisme abrutissantes.

Tous les matins, nos petits écoliers se mettent debout, la main droite sur le cœur et prononcent à l'unisson avec leur professeur ce serment : « Je déclare ma loyauté au drapeau des États-Unis d'Amérique et à la république qu'il symbolise, une nation sous l'autorité de Dieu, indivisible, avec la liberté et la justice pour tous. » Cette promesse renouvelée quotidiennement est loin des serments de fidélité pratiqués pendant le Troisième Reich, mais elle étonne les étrangers tout de même.

Né des débuts modestes d'un pays d'immigrés, ce patriotisme constamment rabâché trahit probablement autre chose qu'un vague complexe d'infériorité vis-à-vis du Vieux Continent. Mais dans ses formes les plus primitives, il prend la forme d'une arrogance manifeste. Prenez Shaquille O'Neal, la vedette de basket-ball, qui a fait tatouer sur son biceps gauche les lettres

TWISM, « *The world is mine* » (le monde est à moi). Rien d'extraordinaire à ce geste. Pour un Américain, se classer au top dans son pays signifie forcément être le meilleur au monde, puisque à ses yeux nul n'est capable de rivaliser avec les États-Unis.

Quant à l'hymne national, nous en avons *trois* qu'on entend quasiment tous les jours. L'officiel *Stars and Stripes*, presque inchantable, auquel nous avons ajouté *America the Beautiful* et *God Bless America*. WLW, une station de radio de l'Ohio, fait jouer l'hymne officiel 24 heures sur 24, toutes les demi-heures.

D'ailleurs traiter un Américain de « chauvin » n'est pas forcément une insulte. Chaque année, on voit quelques élus de l'Amérique profonde proposer, faute d'idée plus originale, une nouvelle loi ou même un amendement à la Constitution pour protéger le drapeau contre toute profanation. Mais, par miracle, les plus hautes instances de la magistrature ont décidé que le fait de brûler la bannière étoilée pendant une manif relevait de la liberté de parole, garantie par la Constitution. En réalité, le vrai miracle, c'est qu'on n'ait pas pendu ces juges.

« Le nationalisme est notre idolâtrie, notre démence, et le patriotisme en est le culte », disait l'humaniste Erich Fromm, qui, ayant quitté l'Allemagne nazie en 1934 pour prendre la nationalité américaine, était sidéré par les manifestations de patriotisme. Il ne cessait de dénoncer « cette mentalité qui met son propre pays plus haut que l'humanité entière, plus haut que les principes de vérité et de justice ».

Une conception que ne partage pas l'ensemble des Américains, surtout depuis les attentats du 11 septembre qui sont devenus prétexte à un déferlement de manifestations patriotiques. La chaîne de télévision NBC, dont le logo est depuis longtemps un paon, a remplacé ses couleurs par les trois couleurs de la bannière étoilée. Et je ne vais pas vous citer les innombrables produits qui se vendent mieux estampillés du drapeau américain, surtout auprès de la classe ouvrière. Cela va des chaussettes en coton épais aux torches électriques Maglite, fort pratiques pour la chasse.

Planter leurs couleurs sur la Lune était pour les Américains une expression naturelle de respect à l'égard de leur pays et de sa puissance scientifique. Poser le pied sur l'astre mythique ne faisait que confirmer la supériorité de la société américaine même si, pour le reste du monde, cela pouvait apparaître comme un geste néocolonial et unilatéral. Lorsque George Bush lance la course vers Mars pour les prochaines décennies, on comprend bien que ce sera, là encore, pour y mettre le drapeau des USA et pas celui de l'ONU.

Même l'architecture a de nos jours intérêt à donner dans le patriotisme. La Freedom Tower, la plus grande des tours qui sera construite à la place des Twin Towers, mesurera (en principe) exactement 1776 pieds (541 mètres). Un chiffre dénué de sens pour les Français mais qui, pour les Américains, est une référence sacrée à leur Révolution. Leur 1789 en quelque sorte.

Les hommes politiques, toutes tendances confondues, ont compris depuis longtemps qu'on ne badine pas avec le drapeau : il faut l'aimer sans la moindre réserve. Dans une réunion électorale du New Hampshire, Wesley Clark, ancien héros de la guerre au Viêtnam et éphémère candidat démocrate à la Maison Blanche, éprouvait même le besoin d'adresser aux *huit* drapeaux qui se trouvent sur la scène des déclarations d'amour enflammées.

« C'est notre drapeau. Nous l'adorons. Au Viêtnam, nous nous sommes battus pour lui. Des hommes et des femmes courageux ont perdu leur vie pour lui. Et ce n'est pas le parti républicain de George Bush qui nous l'enlèvera ! » Applaudissements enthousiastes du public.

Accuser son adversaire politique de manquer de patriotisme serait considéré comme un coup bas en France. À Washington, c'est une tactique presque quotidienne de la droite politique, une manière de dire que les intérêts américains doivent primer. Cette pratique a ses racines dans l'anticommunisme d'après-guerre, quand les conservateurs déstabilisaient la gauche en concentrant leurs attaques les plus violentes non contre le Kremlin mais contre ces modérés qui préféraient une solution négociée à la confrontation. Une série télé de cette époque, « *I Led Three Lives* » (J'étais un agent triple), avait pour héros un homme, en apparence un simple citoyen américain, travaillant comme agent secret pour les Soviétiques, mais qui était en vérité un agent double. Au grand soulagement des téléspectateurs, il arrivait chaque semaine à déjouer les complots des Russes sur notre sol. Le message était clair : l'ennemi profite des libertés qu'offre notre société pour nous affaiblir. Un message exhumé au lendemain du 11 septembre pour justifier la détention de centaines de personnes.

Selon l'historien Eric Foner de l'université de Columbia, ces manifestations patriotiques datent de la fin du XIXe siècle, lorsqu'une Amérique victorieuse dans sa guerre contre l'Espagne s'est considérée, pour la première fois, comme une puissance impériale. C'est dans les années 1890-1900 que les serments de loyauté, les salutations quotidiennes au drapeau et autres rituels du même style ont vu le jour. Les dirigeants du pays proclamaient alors leur volonté « d'exporter la démocratie » à Cuba, Porto Rico et aux Philippines, comme George Bush se proposait de le faire en Irak.

La guerre froide continue. Malgré la disparition de l'URSS, certains Américains pensent toujours qu'il y a un ennemi caché sous chaque lit. Prenez, par exemple, Ann Coulter, dont le livre *Traîtres* est devenu un best-seller. Cette jeune femme a bâti sa carrière de polémiste en accusant la gauche américaine — et surtout les gauchistes des campus — d'être des « menteurs fanatiques », des traîtres et en les menaçant de mort. Après le 11 septembre, elle prônait l'invasion militaire de *tous* les pays musulmans et leur conversion au christianisme par la force. Elle a fini par se faire expulser de l'équipe rédactionnelle de *National Review*, une revue pourtant de droite.

Vieux de plus d'un siècle, cet ultra-patriotisme américain s'est transformé en une véritable religion dont chaque citoyen est le prosélyte. En mai 2003, citant le prophète Isaïe dans son discours célébrant la « victoire en Irak », George Bush déclarait que le peuple irakien — une fois confronté aux valeurs américaines — ne pourra que choisir la « liberté » au lieu de « l'obscurité ». Rien d'étonnant donc à ce que les soldats des forces américaines soient qualifiés « de messagers de l'espoir » venus au secours d'un peuple opprimé. La découverte de Saddam Hussein au fond d'un trou noir comme l'enfer semble apporter une confirmation de cette vision manichéenne.

Le chroniqueur et auteur anglais George Monbiot analysant la mentalité américaine explique, dans le quotidien britannique *Guardian*, que « les troupes américaines en Irak ne sont plus de simples combattants terrestres mais de vrais missionnaires. Ils ne font pas que tuer l'ennemi ; ils expulsent des démons ». Cette idée de mission divine n'est pas nouvelle. Dans son livre *Chosen People (Les Élus de Dieu)*, l'auteur anglais Clifford Longley montre que les Pères fondateurs, en dépit de leur philosophie politique laïque, étaient animés d'un zèle divin. Le nouveau pays qu'ils fondaient se devrait de sauver le monde pour le compte du Seigneur, le flambeau étant passé dans l'Histoire des mains des juifs, à celles des catholiques, puis des protestants anglais, et pour finir des Américains. On comprend dans ce contexte que George Bush se fasse l'écho de son prédécesseur Woodrow Wilson pour déclarer que l'Amérique « possède en elle une énergie spirituelle qu'aucun autre pays ne pourrait apporter pour la libération de l'humanité ».

La folie patriotique a pourtant ses limites, même aux États-Unis. Au début de la guerre en Irak, Natalie Maines, la chanteuse du groupe texan Dixie Chicks, déclarait, lors d'un concert à Londres, qu'elle avait « honte » que le président des États-Unis soit originaire du Texas. Scandale aux USA, avec menaces de mort, et appels au boycott des disques du groupe. Lorsque Miss Maines a été invitée par la chaîne de télévision ABC, la présentatrice, Diane Sawyer, lui a « proposé » de confirmer à l'antenne son patriotisme et son soutien aux troupes US présentes en Irak. « Tout à fait dans les meilleures traditions d'un procès politique pendant l'ère stalinienne », observa Jim Lewis, commentateur du quotidien politique *Slate*.

Mais, si les Dixie Chicks ont vu la vente de leur album *Home* baisser pendant deux ou trois semaines, ils devaient revenir en force et même se classer numéro un des hits parades dans la catégorie country. Les filles du groupe ont ensuite posé nues sur la couverture d'*Entertainment Weekly*, et l'on pouvait lire en titre « Les anges de Saddam ». Le groupe a aussi donné à guichets fermés une série de concerts dans le Sud, où la politique de Bush est pourtant largement soutenue. Et puis, quatre mois après l'incident de Londres, les Dixie Chicks se sont produits à Washington donnant à Miss Maines l'occasion d'ironiser : « Si je ne me trompe pas, le président des États-Unis habite pas trop loin d'ici… »

Doucement, les filles, et n'oubliez pas de déposer quelques bannières étoilées sur scène pendant les concerts, au cas où…

La décentralisation dans tous ses États

Supposez un instant que la peine de mort n'existe pas dans l'Allier, mais qu'elle soit appliquée dans le Maine-et-Loire. Ou alors, prenez le Jura : pour faire face à des difficultés budgétaires sans augmenter une fois de plus les impôts locaux, on instaurerait un impôt sur le revenu qui s'ajouterait à celui de l'État. Et si le paquet de Marlboro coûtait 5,10 euros à Paris, mais seulement 3,90 dans le Périgord. Comment résister à la tentation ? Alors, chaque fin de week-end on verrait les flics parisiens passer leur temps à contrôler les coffres des voitures pour piquer les contrebandiers. Pour finir, imaginez cette situation incroyable : le maire de votre ville, *obligé d'y habiter.*

L'enfer, non ? Et pourtant chez nous, c'est comme ça.

L'Amérique est le pays le plus décentralisé de l'Histoire, depuis la France de Vercingétorix. On l'oublie parfois, mais cette grande nation située de l'autre côté de l'océan ne s'appelle pas pour rien les *États*-Unis. Difficile à comprendre pour les Gaulois qui ont regroupé tous les pouvoirs sur les rives de la Seine. Difficile aussi pour les Américains d'imaginer être gouvernés autrement.

De temps en temps, on parle en France de décentraliser et l'on se livre à des gestes symboliques. À titre d'exemple, on expédie l'ENA à Strasbourg. Mais, soyons réalistes, il s'agit en général de « parole, parole, parole », comme chantait Dalida. Dans ce domaine, vous êtes encore très loin du modèle américain.

Alors, rendons grâce à l'astuce de nos Pères fondateurs, qui, ayant accompli leur révolution en 1776, se sont dit *basta* – pas besoin de remettre ça. Les événements de 1789 n'auraient donc jamais pu se produire aux États-Unis faute d'une grande capitale où le pouvoir et le peuple cohabitent, comme à Paris. Washington n'occupe en effet que la 21ᵉ place dans la liste des grandes villes américaines. Même Columbus (capitale de l'Ohio, je vous le rappelle) est plus peuplée. Et, de toute façon, la capitale fédérale ne dispose pas de chambres d'hôtel climatisées en nombre suffisant pour loger une armée de sans-culottes rêvant de prendre la Maison Blanche.

Le mode de gouvernement à l'américaine n'est donc qu'une incroyable salade grecque où chacun trouve son compte. Le code de la route ? Nous en avons une cinquantaine, un par État. À peu près autant que de variétés de boudins en France. En outre, il n'existe pas de permis de conduire « national », mais nos États – d'habitude jaloux de leurs prérogatives – ont la bonté de reconnaître les permis délivrés par les autres États. La carte d'identité, nationale ou délivrée par chaque État ? Inconnue au bataillon. Quant à l'élection présidentielle, tous les quatre ans, nous en organisons non pas une mais cinquante.

Il faut parfois un ordinateur pour savoir qui gère quoi. Prenez la Floride, par exemple. Le comté de Dade où est située, entre autres, la ville de Miami, comprend 27 municipalités et donc 27 polices municipales. Chaque contingent a son shérif, le plus souvent élu par le peuple, avec son propre uniforme et ses propres blasons sur la portière de ses voitures de patrouille. N'oubliez pas que le comté a également *sa* police, chargée des zones hors municipalités. Et le seul État de Floride comprend 67 comtés ! (Au Texas, il y en a 250.) Vous comprenez maintenant pourquoi, chez nous, le chômage n'est pas vraiment un problème.

Mais revenons à l'organisation de la police. Elle est parfois assez finement pensée. Il arrive ainsi fréquemment qu'une rue soit divisée en deux secteurs. Qu'un hold-up soit commis côté pair ou impair, la police qui s'en occupera sera différente. On a même vu des cas où la victime d'un meurtre trouvée côté impair était discrètement déposée sur l'autre trottoir par des policiers fatigués à l'idée de mener une enquête supplémentaire. Ni vu ni connu, à leurs collègues de s'en charger.

Il va de soi que la police ne peut pas opérer hors de sa juridiction. Qu'est-ce qui empêche alors les criminels de braquer une banque en Floride et de s'enfuir ensuite vers la Géorgie voisine ? Rien, et cela se pratique couramment. Mais traverser une frontière après un délit est un crime fédéral et devient du ressort du FBI. De toute façon, les différentes polices, municipales et autres, ont depuis toujours l'habitude de coopérer. Tout gangster qui se respecte est recherché dans au moins une bonne vingtaine d'États, comme Bonnie *and* Clyde. Alors on voit des policiers de New York, une ville sous la neige tout l'hiver, éprouver le besoin de traquer un hors-la-loi jusqu'en Floride, où il fait 25 degrés à l'ombre au mois de janvier, et ceci avec l'aimable concours de leurs collègues locaux. Curieux, non ?

L'impôt sur le revenu ? Bien sûr que cela existe chez nous. Gagnez plus de 6 000 euros dans l'année et vous ferez une déclaration qui peut s'étendre, selon votre situation, sur une trentaine de pages, avec des calculs que seul un comptable pourrait comprendre. Et encore... Ça, c'est pour le gouvernement fédéral, mais mieux vaut ne pas oublier l'impôt sur le revenu de l'État où vous résidez, un formulaire bien distinct, car 49 des 50 États se financent de cette façon.

Pour certains, notamment les bienheureux qui habitent une grande ville telle New York, ce n'est toujours pas fini : un jour ou deux de repos et il faut penser à s'acquitter de l'impôt municipal sur le revenu. Trois déclarations à faire chaque année ? Même les fonctionnaires de Bercy ne sont pas sadiques à ce point.

On the road, c'est pareil, la décentralisation règne sans partage. Je me marre quand je vois des reportages sur le « romantisme » de la Route 66, qui traverse les États-Unis. Comme tant d'autres, cette autoroute mythique n'est qu'un enfer où l'automobiliste est soumis à des lois différentes selon l'endroit où il se trouve. Roulez trop vite et vous risquez fort de vous retrouver devant le petit juge dont dépendent les deux ou trois *miles* sur lesquels vous avez un peu trop écrasé le champignon. Un exemple récent : à Columbus, je m'arrête à un feu rouge, et mets le clignotant pour tourner à droite quand cela passera au vert. Et voilà que l'automobiliste derrière moi se met à klaxonner comme un enragé. Misère, j'ai oublié ! Dans l'Ohio, on tourne à droite même au feu rouge, tandis que dans d'autres États c'est encore interdit. Et le visiteur du Kentucky, comment s'y retrouve-t-il ? Eh bien, au mieux, il se fait méchamment klaxonner, au pire il chope une contravention. Prenez donc des vacances dans l'Arizona où il fait beau et sec en hiver. C'est une bonne idée mais, avant de partir, il serait sage d'apprendre les sept exceptions à la règle du *« right turn on red »* (tourner à droite pendant le rouge), énumérées dans le code de la route de cet État. Pas facile. Pour signaler une exception, on met une pancarte « no *right turn on red* » destinée à ceux qui ont oublié ou ignorent le code.

Un jour, l'un de mes amis webmasters du site Internet d'un grand expert culinaire a eu une idée géniale. Ayant constaté que la majorité des visiteurs étaient américains, il proposa de leur vendre du bon vin français, livré à domicile. Très vite, il convainquit un excellent négociant parisien de s'engager dans l'affaire.

Mais il y avait un hic : si vous voulez exporter du vin vers les États-Unis d'Amérique, arrêtez de penser à ce pays comme à une seule nation. Pour tout ce qui touche l'alcool, vous avez affaire à cinquante États indépendants avec chacun ses taxes, ses formulaires et sa réglementation. Une bureaucratie infernale ! Mon ami a appris à cette occasion que même les vendeurs de vin californien, bien américains eux, n'arrivent pas toujours à « exporter » dans les autres États. Il a renoncé à son projet.

Les petits malins se diront que dans ce labyrinthe décentralisé qu'est l'Amérique on doit pouvoir facilement trouver des paradis fiscaux dans l'un ou l'autre État. Mauvaise pioche. Car chaque banque est tenue de rendre compte à la direction des impôts à Washington des intérêts payés à leurs clients. Et les gentils bureaucrates de la capitale fédérale se chargent d'informer le fisc du lieu où réside l'investisseur. Mais il arrive souvent qu'un homme divorcé réussisse à éviter de payer une pension alimentaire en se « perdant » dans un autre État. La pauvre ex-épouse doit alors recourir à un avocat doublé d'un détective privé pour le dénicher, parfois après des années de recherche.

Certains individus arrivent néanmoins à dégotter des paradis fiscaux d'un autre genre, à l'intérieur du pays, sans s'aventurer dans les îles des Caraïbes. Pourquoi, par exemple, l'ancien footballeur O. J. Simpson aurait-il élu domicile en Floride après avoir échappé à la taule pour meurtre en Californie ?

Simple. Après le procès retentissant qui l'a innocenté, Simpson a été condamné au civil à verser 33,5 millions de dollars aux familles des victimes. Mais en Floride, les débiteurs, ultra-protégés, ne peuvent pas perdre leur résidence principale, même s'il s'agit d'un palais. Une mesure prise à l'origine pour défendre les pauvres pendant la Grande Dépression.

Il existe cependant des limites à la décentralisation qui traduisent une méfiance traditionnelle à l'égard de la classe politique au pouvoir à Washington. Les différents États n'ont heureusement pas (ou plus, selon le cas) le droit d'émettre leur propre devise, ou des passeports, ni de conduire une politique étrangère autonome, ou de posséder une armée. Pour cela, il faut tout de même passer par la capitale fédérale. Mais la justice américaine n'a jamais fini de trancher, au cas par cas, sur les pouvoirs respectifs de Washington et des 50 États. Le plein-emploi pour nos juges.

Parfois, les législateurs de Washington font tout de même preuve d'ingéniosité pour essayer d'harmoniser les lois. Lors de la crise pétrolière des années 70, on a ainsi décidé d'empêcher les automobilistes de rouler à plus de 90 kilomètres à l'heure, afin de réduire la consommation d'essence. Mais comment allait-on s'y prendre, étant donné que chaque État peut librement limiter ses vitesses ? Faire voter un amendement à la Constitution était certes possible mais pour le moins onéreux et, en outre, les États peuvent se prononcer contre, comme ils ont fait pour l'amendement sur l'égalité des sexes. Le Congrès où siège une majorité d'avocats a tout de même trouvé la solution en faisant voter une loi qui accordait l'aide de Washington aux seuls réseaux routiers acceptant de limiter la vitesse à la norme fédérale (passée depuis à 105 km/h). Pour une fois, même les États les plus rebelles ont fini par s'incliner.

Si les États n'ont pas le droit de posséder leur propre armée, ils trouvent toujours moyen de se faire la guerre. En 1991, lors du championnat NBA de basket, les Chicago Bulls, menés par leur star Michael Jordan, ont battu les Lakers de Los Angeles. Délire à Chicago et dans tout l'Illinois, amertume à Los Angeles et dans toute la Californie.

Pour se venger tout en faisant plaisir aux supporteurs-électeurs déçus des Lakers, la Californie a solennellement voté une loi visant à imposer les salaires des sportifs, même résidents d'un autre État, en fonction du nombre de jours où ils jouent en Californie. En peu de temps, une vingtaine d'États – animés du même esprit revanchard – ont suivi ce fâcheux exemple. Dans certains cas, on s'est contenté de mettre en œuvre les lois existantes, qui imposent le salaire de tout travailleur « temporaire » dans un État. Difficiles à faire respecter dans le cas de simples voyages d'affaires, elles s'appliquent en revanche aisément aux grands sportifs : chaque match et donc chaque déplacement faisant la une des rubriques sportives. Vu le niveau élevé de leur salaire, les sommes en question sont loin d'être négligeables. Tim Duncan, un joueur des San Antonio Spurs du NBA qui touche 12 millions de dollars par an, a ainsi versé 230 000 euros d'impôts aux différents États où il a disputé des matchs au cours de l'année 2003. Remplir seulement trois déclarations d'impôts par an, ce serait le rêve pour lui : il en fait une quinzaine.

Grâce à notre hyper-décentralisation, cette guérilla des taxes s'étend aux banlieusards. Face à leurs déficits chroniques, les États ont eu une idée ultra-géniale : créer un impôt en fonction du lieu de travail. Il suffit d'imaginer avec quelle sérénité les Franciliens accueilleraient une tentative de l'Hôtel de Ville pour prélever presque 3 % de leur salaire, simplement parce qu'ils travaillent dans la capitale.

C'est ainsi que la ville de New York se bat avec les habitants du New Jersey et du Connecticut qui viennent y bosser tous les jours. « Ils profitent de notre ville, ils doivent donc payer », a tranché le maire Michael Bloomberg, qui a annoncé sa décision d'appliquer cette mesure.

Rage prévisible côté banlieusards : « Je dois verser des impôts à New York même si je n'y habite pas ? C'est scandaleux. On ne cherche pas un boulot dans New York, on y travaille tout bonnement parce que votre employeur y a ses bureaux », proteste John, un type que j'ai croisé à Orange dans le New Jersey. « Cela ne m'étonnerait pas qu'on assassine le maire de New York. Ce serait mérité ! »

Il faut savoir que les Américains ne considèrent pas la décentralisation comme un problème majeur ou mineur. Ils n'ont jamais connu d'autre régime, et naviguent sans trop d'accrocs – ni de doutes – dans cette jungle, un peu à la manière des Français confrontés à une bureaucratie qui est sans doute la plus complexe du monde, mais dont ils ont tout simplement l'habitude.

En revanche, mon ami Morris, qui avait commandé deux caisses de vin californien, a été surpris en voyant qu'il devait acquitter une taxe de 7 % au profit de cet État lointain.

« Ces cons de Californiens s'imaginent que je vais leur payer quoi que ce soit ? Ils peuvent rêver ! Moi, je suis de l'Ohio, et je ne paierai que les taxes de mon État ! » protesta-t-il, comme s'il parlait d'un pays étranger.

Mais le livreur menaça de repartir avec son vin si la facture n'était pas intégralement réglée, et finalement Morris obtempéra.

« C'est toujours mieux que de donner mon fric à ces cons de Washington ! » conclut-il en guise de consolation.

Le 11 septembre et nous

Au cours du XXᵉ siècle, la plupart des Européens ont subi des guerres sur leur sol. Pour les Américains, il a fallu attendre le 11 septembre 2001. Leurs souffrances, bien sûr, ne sont pas comparables à celles du Vieux Continent ravagé à deux reprises par d'interminables conflits.

Et pourtant, aujourd'hui, les habitants de la plus petite bourgade, du village le plus paumé, craignent une nouvelle attaque, comme s'ils vivaient tous au 80ᵉ étage d'un gratte-ciel new-yorkais. Ne dites surtout pas à un Américain que l'assassinat de trois mille personnes ne saurait être qualifié de génocide… Il ne vous comprendrait pas.

Bizarre. Ce peuple pragmatique, travailleur et réaliste, devient complètement paranoïaque à l'idée de futurs attentats « terroristes » sur son territoire. C'est ainsi qu'a pu être appliqué le fameux *Patriot Act* autorisant à démanteler les droits et libertés fondamentales qui constituaient notre véritable patrimoine. Trop de Prozac, ou pas assez ?

Après un quart de siècle d'absence, il m'est difficile de comprendre le nouveau visage de la société US. La nation la plus puissante au monde devenue si peureuse qu'elle se livre à une guerre sans justification en Irak, qu'elle met dans le même sac Saddam Hussein et Oussama ben Laden, qu'elle enferme sans procès et sans fin des « suspects » à Guantanamo, qu'elle incarcère un jeune Français pour une mauvaise blague à bord d'un avion, et qu'elle épouse l'idée (fallacieuse) que son salut l'oblige à s'isoler du reste de la planète.

Depuis le 9/11, c'est le monde à l'envers : quand Washington fait annuler des vols d'Air France vers l'Amérique, c'est la CGT qui se met à réclamer au FBI un service minimum.

Quand on parle du 11 septembre, même mon vieil ami Morris a l'air tout drôle. Son comportement me paraît d'autant plus étonnant que ce vétéran du Viêtnam n'a pas mis deux semaines pour comprendre la bêtise de cette guerre.

« Cette fois, ce n'est pas pareil, me dit-il. On doit se protéger, on n'a pas le choix. Il y a des gens, des terroristes, qui veulent nous détruire. » Et puis, Morris est vite passé à un autre sujet.

En voyageant, j'ai essayé de mieux comprendre ce qui a changé dans ce pays. À Boston, une fonctionnaire de la mairie m'a expliqué que,

« seulement » six mois avant l'attentat, sa fille aînée avait visité en touriste les Twin Towers. « C'est un miracle qu'elle ne soit pas morte. Je remercie le ciel tous les jours ! »

Chuck, bac plus six, étudiant en droit à l'université du Kentucky, rencontré chez des amis, m'a annoncé : « La prochaine fois, ils feront exploser une bombe nucléaire. Le 11 septembre n'était qu'un avertissement ! »

Dans l'Arizona, un ancien confrère journaliste, marié depuis longtemps à une femme d'origine libanaise (pourtant citoyenne US), lui a recommandé de sortir le moins possible pendant les mois qui ont suivi les attentats. Il craignait que ses voisins ne la soupçonnent ou ne la dénoncent. C'est finalement une vieille dame du quartier qui a rassuré mon ami en lui disant : « Mais ton épouse, elle est américaine comme nous. » Ouf.

Certains commentaires m'ont intrigué. Non qu'ils soient choquants mais personne n'écoutait quand des intellectuels de gauche comme Noam Chomsky suggéraient qu'il fallait se rappeler le déséquilibre historique de notre politique au Moyen-Orient. Silence total. Aucun débat lancé à ce sujet. Les dissidents soviétiques, on en avait fait des héros, mais les nôtres, on ne les écoute même pas...

Al-Qaïda, en choisissant New York comme cible, a également fait de certains de nos intellos,

dont beaucoup habitent cette ville, des personnages muets et trouillards. Un homme de lettres
comme Hendrik Hertzberg avouait ainsi deux
ans après le jour fatidique : « Quand je traverse
Times Square, j'ai moins peur d'être déchiqueté
par une bombe. » Il est vrai qu'à force de voir à
la télé les missiles « smart » de nos jets frapper
une cible en Irak ou en Serbie, mes compatriotes
avaient oublié la souffrance humaine qui en ré-
sulte. Le 11 septembre les a rappelés à la réalité.

Quelques Américains ont heureusement su
garder leur sens de l'humour. « Bravo, on vient
de capturer le seul Arabe qui n'avait aucun rapport avec le 11 septembre », s'est exclamé Jay
Leno, un comique du petit écran, après la prise
de Saddam Hussein. Et faisant référence aux
« preuves » de l'existence des armes chimiques
irakiennes présentées par Colin Powell devant
l'ONU, la chroniqueuse du *New York Times*,
Maureen Dowd, constate qu'« on a fait la guerre
à cause d'une ampoule de Botox agitée devant
le Conseil de sécurité ».

« *Why do they hate us ?* » (pourquoi nous déteste-
t-on ?), se demandent toujours beaucoup d'Américains, peut-être un peu naïfs mais de bonne foi.
Trois ans après les attentats, certains commencent à se rendre compte qu'ils sont mal préparés
pour y répondre : une population qui n'apprend
que peu l'histoire, la géographie, et les langues
étrangères, qui ignore le reste du monde (un jour

à Détroit, je n'ai pas trouvé une seule dépêche de l'étranger dans le grand quotidien local, le *Detroit Free Press)* et dont seulement 5 % des habitants franchissent les frontières.

Où cela finira-t-il ? Pour le gouvernement, « l'élimination des terroristes », selon les termes de George Bush, est le but à atteindre. Il n'a jusqu'ici rencontré que peu d'objections dans les rangs d'une opposition muette lorsqu'il propose d'augmenter à nouveau les budgets de l'armée et du FBI pour baisser ceux de l'éducation et du secteur social.

Un peu perplexe, j'ai redemandé à Morris s'il trouvait réaliste de poursuivre tous les mecs du monde portant une Kalachnikov afin de pouvoir marcher sans angoisse dans les rues de Columbus.

« Franchement, je ne sais pas », fut sa seule réponse.

Le come-back du cow-boy

« *Bring'em on !* » lança George Bush. La phrase, difficilement traduisible en français (qu'ils essaient donc !), était une provocation destinée aux dissidents irakiens, les encourageant à s'attaquer aux GI (ils ne s'en privaient pourtant pas). Plutôt choquant, un commandant en chef bien au chaud à la Maison Blanche qui nargue l'ennemi en lui proposant ses hommes comme cible.

Choquant mais pas étonnant. Cette phrase qui a — et pour cause — inquiété les familles des militaires en Irak a néanmoins fait plaisir à une grande partie de la population. Pourquoi ? Tout bonnement parce que le président des États-Unis a montré que le culte du cow-boy, autrefois moribond, revit au pays du western. Le texan Bush se situait sans doute dans la tradition d'un Gary Cooper, le shérif solitaire et sans allié du *Train sifflera trois fois*.

Comme Cooper, le vrai samouraï américain est laconique, volontaire, et ne change jamais d'avis. Changer d'avis, c'est un truc de mollasson. Selon les conseils de Davy Crockett, l'homme de la frontière du début du XIXe siècle, et donc le précurseur des cow-boys, un vrai mâle doit « s'assurer qu'il a raison et puis foncer ! » *(Make sure you're right then go ahead !)* Trop peser le pour et le contre, c'est se montrer pusillanime (un défaut honteux). Dans le langage courant, changer d'avis — même si les circonstances changent —, c'est faire *flip-flop* (volte-face). Plus péjoratif que ça, on ne trouve pas. Accusez un homme politique à Washington de *flip-flop* et vous vous retrouverez le lendemain à l'aube, pistolet en main, pour un duel.

Le stoïcisme ostentatoire du cow-boy s'impose aussi. Lorsqu'un hélicoptère Chinook a été abattu en Irak, entraînant la mort de seize soldats américains, le président Bush se trouvait au Texas dans son ranch de Crawford. Allait-il en sortir pour faire part à la presse de son émotion ? Que nenni. Comme son porte-parole l'a expliqué le lendemain, s'il fallait interrompre ses vacances chaque fois qu'un hélico « mord la poussière »... Un cow-boy n'a pas le droit de pleurer.

Le cow-boy, instinctivement manichéen, est aussi un adepte de la justice dite de la « frontière », c'est-à-dire expéditive, une corde au cou, de préférence du côté de Guantanamo. Dans son univers, il n'y a que des bons et des méchants, avec autour quelques civils désarmés comme ces villageois, honnêtes mais lâches, qui n'ont pas su soutenir le shérif Cooper. Lorsque après le 11 septembre, Bush menace le reste du monde, avertissant « ceux qui ne sont pas avec nous sont contre nous », il agit dans la plus pure tradition du Far West : lors de la grande transhumance annuelle des troupeaux, le cow-boy ne connaît que deux catégories d'êtres humains, ses potes, et les bandits dont le seul but est de voler les bêtes.

Cette vision du monde est née de la nécessité. Dans l'immense et plat pays qu'est le Far West, lorsqu'un individu à cheval se profilait à l'horizon et se dirigeait vers vous, il valait mieux garder le doigt sur la gâchette, au cas où… Hélas, cela marche moins bien quand les militaires US sont envoyés à l'étranger. Combien de fois, en Irak, des GI ont-ils tout simplement ouvert le feu parce qu'un véhicule refusait de s'arrêter malgré le panneau où était clairement affiché « STOP » ? Avec les conséquences que l'on connaît en termes de civils innocents tués sur le coup. Nos soldats ont fini par comprendre que dans un pays arabophone tout le monde ne sait pas lire les pancartes écrites en anglais.

La mentalité cow-boy survit aussi sur les lieux de travail américains. Quand le chef vous donne un ordre, il faut répondre tout feu tout flammes *« gung ho ! »*, « Oui chef, bien chef », dans la grande tradition américaine, même si

cela veut dire passer ses soirées au boulot, sans
être payé. Vous connaissez un cow-boy qui touche des heures sup ? Celui qui fait part de ses
doutes, se plaint auprès du syndicat, ou fait venir
l'inspection du travail, eh bien, il sera viré sur-
le-champ, ou au mieux oublié lors des prochaines augmentations de salaire.

Heureusement que Bush junior a trouvé le
chemin de la Maison Blanche, car avant lui le
culte du cow-boy s'estompait. Le professionnel,
l'habitué du circuit des rodéos un peu ringards,
ne jouit plus du même respect qu'autrefois,
quand les Hopalong Cassidy, Gene Autry et
autres stars étaient à l'affiche. Pendant presque
un demi-siècle – la tendance s'inverse un peu
grâce à Kevin Costner – les producteurs de
Hollywood ont jeté systématiquement à la poubelle tout scénario de western. Et l'italien Sergio
Leone fut, dans les années 70, l'un des seuls à
s'imposer avec ses versions « spaghetti ».

Sombre époque où les intellos de New York
se sont mis à prendre les cow-boys pour cible.
Un comble. Dans son film *Blazing Saddles*, le comique Mel Brooks nous montrait des cow-boys
réunis autour d'un feu pour prendre le tradition-
nel repas à base de haricots blancs. Et voilà les
incarnations du mâle américain souffrant de
problèmes digestifs : leur conversation se résume
soudain à un dialogue de pets de plus en plus
assourdissants. Il faut dire que la cuisine de

cow-boy à base de *sourdough*, une espèce de pain au levain cuit directement sur le feu ne fait guère recette, car elle constipe. Et ce n'est sans doute pas un hasard, car surveiller le bétail pendant les 900 kilomètres qui conduisaient du Texas au Kansas interdisait de mettre pied à terre, même pour baisser culotte : le troupeau n'attend pas.

Victime aussi du politiquement correct, *el vaquero* de l'outre-Mississippi. Car la conquête de l'Ouest est indéniablement associée au génocide indien. Pour « dompter » cette terre, comme on dit poliment chez nous, les peaux blanches disposaient d'un avantage écrasant avec la carabine puis le revolver à six coups. En face, le pauvre Indien doté d'un matériel désuet ne faisait pas le poids. Dans les conflits armés, les militaires US – héritiers en quelque sorte de la cavalerie d'antan – tiennent toujours à avoir l'avantage sur le plan de l'équipement. Dans un commentaire du quotidien anglais, le *Guardian*, Christopher Hitchens établit à juste titre un parallèle entre les méthodes américaines en Irak et celles de la cavalerie dans les territoires indiens au XIXe siècle : utilisation à chaque fois d'une force bien supérieure et de technologies meurtrières. « Le travail fut achevé à force de sabres de cavalerie, de couvertures imprégnées de variole (les Indiens manquaient d'immunités naturelles), de mitrailleuses et d'autres armes de destruction, fait observer Hitchens. Et pourtant le terme d'officier de cavalerie reste lié à la noblesse de comportement, et le mot "cow-boy" à la brutalité grossière. »

Sérieusement entamée, aussi, l'image du vrai mec au chapeau texan. La multinationale Philip Morris avait fait du « Marlboro Man » un type des plus populaires, adulé par les fumeurs des cinq continents. Mais le puissant lobby antitabac a réussi à saboter cette campagne publicitaire. L'homme de la pub, le mannequin Wayne McLaren, est d'ailleurs mort d'un cancer du poumon à l'âge de 51 ans, non sans avoir demandé solennellement à Philip Morris d'enterrer avec lui le Marlboro Man. Il ne savait pas qu'une nouvelle version du cow-boy allait débarquer à la Maison Blanche.

Pas terribles, nos GI

Les généraux américains ont au moins une qualité : ils n'ont jamais essayé de prendre le pouvoir. Pour nous, les coups d'État sont un produit exclusivement réservé à l'exportation, et c'est la CIA qui en détient la licence.

Une armée qui ne quitte jamais ses casernes sans ordre et reste soumise au pouvoir civil, c'est le gage d'une véritable démocratie. On peut s'en féliciter. Mais il faudrait peut-être nuancer. Les troufions du Pentagone n'ont jamais eu besoin d'exercer directement le pouvoir. Le redoutable lobby proguerre leur en procure bien davantage, et sans l'inconvénient d'avoir un pays à gérer. Notre puissante industrie leur invente tous les gadgets meurtriers dont ils rêvent et le gouvernement leur offre de temps en temps un petit conflit régional, de préférence aux Caraïbes, avec des adversaires peu nombreux et sous-équipés.

Nos diplômés de West Point et d'Annapolis ont compris depuis longtemps qu'un déjeuner d'affaires bien arrosé avec des sénateurs est une arme beaucoup plus dévastatrice que n'importe quel missile ou véhicule blindé.

Et puis, disons-le clairement, pas besoin de putsch puisque nos généraux peuvent accéder au sommet du pouvoir en toute légalité. Combien de fois avons-nous élu un général à la Maison Blanche, de George Washington à Dwight Eisenhower, qui passait le plus clair de son temps à « refaire le match » de la Deuxième Guerre mondiale avec son ami-ennemi anglais, le maréchal Montgomery. Depuis Clemenceau, vous êtes convaincus que la guerre est « une chose trop grave pour la confier à des militaires ». Nous y ajoutons : mieux vaut qu'ils s'occupent de gérer le pays. Aux États-Unis, il n'existe aucune barrière entre les mondes militaire et politique, et rares sont les élections où l'on ne trouve pas d'anciens généraux ou des héros de la guerre parmi les candidats, voir John Kennedy, John McCain, Wesley Clark, Robert Dole, Colin Powell, John Kerry et même George Bush père. L'uniforme est sacré dans notre pays, comme la fonction publique sur les bords de la Seine. Nos poilus sont les défenseurs de la liberté dans le monde, beau comme les pubs de Coca-Cola (nos images d'Épinal à nous).

Pas question de critiquer cette Amérique fière de ses soldats, un sentiment qui paraît désuet aux yeux des Français, pour la plupart aussi antimilitaristes que laïcs. Outre-Atlantique, on n'a jamais vécu d'affaire Dreyfus, et, dans tous les sondages, les citoyens font plus confiance aux militaires qu'aux hommes politiques — sans parler des journalistes relégués au bas de l'échelle. Lors de mon dernier séjour à Columbus, on ne comptait plus les banderoles « *Support our troops* » (soutenez nos soldats) affichées sur les maisons, et, à l'aéroport de Cincinnati, le poste de douane était recouvert d'une grande pancarte « *Welcome Home, Veterans* ».

Oui, la France et l'Amérique sont par leur alliance les artisans d'une paix qui dure depuis plus d'un demi-siècle, une belle réussite. Mais n'oublions pas que les armes nucléaires de nos deux pays sont pointées l'une vers l'autre, même si on ne décèle aucune intention belliqueuse de part et d'autre. Que les Français se rassurent. Pour nos missiles balistiques, les ordres sont formels : à n'utiliser qu'au cas où Jack Lang arriverait à l'Élysée.

En temps de guerre, force est pourtant de constater que notre armée est depuis toujours assez médiocre sur le terrain, et plutôt indisciplinée. Les révolutionnaires américains qui se sont libérés de la tutelle des Anglais n'étaient en fait que des bandes rebelles échappant au contrôle du général Washington, désertant fréquemment et menant une guerre de harcèlement contre les soldats-gentlemen de Sa Majesté britannique.

Et pendant notre sanglante guerre de Sécession, les généraux nordistes se sont montrés si timorés que le président Abraham Lincoln en a renvoyé bon nombre dans leurs foyers, avant de finir par nommer un chef militaire aussi efficace qu'alcoolique, le général Ulysses Grant, qui, élu président après la guerre, fit preuve de moins de talent. (Mieux vaut un soiffard à la Maison Blanche qu'un alcoolique repenti, diront certains…)

Même si les Allemands ne l'entendent pas de cette oreille et beaucoup de Français non plus, les Américains se vantent d'avoir sauvé l'Europe par deux fois au cours du XXᵉ siècle. Quelques historiens remarquent tout de même que les soldats de la Wehrmacht, soumis aux ordres d'un moustachu exalté et contraints de se battre sur deux fronts, ont fait preuve de qualités militaires supérieures à celles des GI. Sans parler du Pacifique, où les troupes américaines confrontées à une tradition guerrière millénaire ont été stupéfaites par la combativité de ces soldats japonais, manquant de vivres et de matériel et souvent isolés. Avouons-le, si nous avons gagné, c'est surtout grâce à la puissance de nos usines et à l'inventivité de nos labos.

Les États-Unis totalisent à eux seuls 43 % des dépenses militaires de la planète, et les 1 400 dollars dépensés par tête d'habitant pour nos armées expliquent bien des aspects de la société améri-

caine : deux semaines de vacances par an, pas de
Sécu, et de nombreux laissés-pour-compte. Tout
cela pour s'offrir une belle machine de guerre.

Reste que la plus belle victoire de notre establishment militaire est de réussir à faire croire
au public américain qu'il n'a jamais perdu une
guerre. L'épisode de la guerre de 1812 où les
Britanniques ont tout de même réussi à brûler
notre Maison Blanche ? Zappé des manuels
d'histoire. La Corée et le Viêtnam ? Des matchs
nuls, joués à l'extérieur, donc une performance
honorable ! Et chacun d'oublier le « génie » militaire du général Westmoreland responsable de
la perte de 55 000 GI face à un adversaire qui
n'avait ni hélicoptères ni porte-avions.

Venons-en maintenant à l'Irak. Voici une campagne militaire qui a permis à nos stratèges du
Pentagone de démontrer qu'ils sont les dignes
héritiers de Napoléon (je parle du troisième, hélas !). Une guerre annoncée, préparée, menée en
terrain connu grâce aux satellites, un adversaire
largement identifié… L'échec était impensable.
Et l'armée américaine a, en effet, offert aux
médias du monde entier deux beaux clichés : la
chevauchée des blindés à travers le désert, façon
Rommel, suivie du démontage de la statue de
Saddam Hussein, façon Bové avec les McDo.

Mais nos génies de la stratégie avaient oublié
un détail : la guerre gagnée, une armée d'invasion
devient vite une armée d'occupation. Et pour-

tant les précédents historiques ne manquent pas. En 1973, par exemple, les Israéliens, alliés de Washington, auraient pu s'emparer de Damas et du Caire, mais, sachant qu'on n'occupe pas sans problèmes des grandes villes dont la population est hostile, ils se sont abstenus.

Au Pentagone, malheureusement, on ignore l'Histoire (et il semblerait aussi qu'on ne lise pas les quotidiens). Les GI furent donc envoyés dans un pays non anglophone, sans véritable préparation politique ni interprètes. (Et pour cause, quasiment tous les traducteurs d'arabe se trouvaient soit en taule après le 11 septembre, soit sous l'étroite surveillance du FBI.) Mieux aurait valu désarmer le Texas, on y aurait trouvé plus d'armes qu'en Irak.

Si nos bombes sont estampillées « smart » (intelligentes), notre manière de former nos soldats l'est moins. Lorsque Napoléon (le vrai, cette fois) est parti en Égypte (lui aussi, notons-le, sans carton d'invitation), il avait pris soin d'emmener dans ses bagages une imprimerie en arabe, afin de pouvoir communiquer avec la population locale. Il est vrai que, dans l'esprit des militaires américains, nous ne sommes pas des envahisseurs mais des « libérateurs ». Et la liberté est un langage universel…

Il existe également une totale incompréhension de la part des GI qui ne se doutent pas que, dans le reste du monde, on ne partage pas forcément leurs valeurs. Lors des descentes en pleine nuit chez les civils, les soldats évacuent des femmes irakiennes en peignoirs qui deviennent immédiatement hystériques. Dans ce pays, toucher une femme est assimilé à un viol, mais personne ne semble en avoir informé les troupes américaines.

Nos soldats étaient tellement persuadés d'être accueillis en libérateurs par la population que certaines scènes (qui donnèrent lieu à des interprétations erronées mais aussi pénibles) en disent long sur l'armée de George Bush. Ainsi, lors de l'invasion du Sud irakien, quelques soldats US venaient de tuer — par erreur — le grand-père d'une famille qui ne faisait que fuir les combats. Se rendant compte de leur méprise, les GI se rapprochèrent pour présenter leurs excuses. Et tous de tomber à genoux et d'embrasser la main des soldats.

« On s'est gouré en tirant sur eux, on a même tué le grand-père, et malgré cela ils nous adorent », s'était félicité le sergent de l'unité, qui a donné l'ordre à ses hommes d'aider à enterrer la victime sur place. Cet officier n'avait évidemment rien compris : les survivants, terrorisés à la vue de ces hommes surarmés et faisant feu à volonté sur des civils, les imploraient simplement de les épargner. On est loin d'une quelconque reconnaissance pour le libérateur.

L'ignorance politico-culturelle de nos soldats laisse parfois pantois. Prenez le cas de cet officier américain qui, pendant la Deuxième Guerre mondiale, était prêt à raser la cathédrale de Chartres pour débusquer un supposé franc-tireur allemand. On a fini par le raisonner.

Plus récemment, en 1983, je me suis trouvé pris dans une embuscade près de l'aéroport de Beyrouth avec une unité de troupes américaines.

« À votre avis, qui est-ce qui tire sur nous ? » m'a demandé l'officier, originaire de Virginie, pendant une accalmie. Je lui ai expliqué que les tirs venaient du secteur druze.

« Druze ? » répéta-t-il.

On s'est abrité derrière un mur et, en attendant les secours, j'en ai profité pour faire un petit cours sur les différentes factions libanaises, des Maronites aux Palestiniens, Chiites et Sunnites. Ces lacunes sont graves, parce que ne pas savoir qui tire sur vous implique une ignorance totale des raisons de votre présence dans une zone de combat. Au moins, cet officier avait fait preuve de curiosité, mais à Beyrouth, la majorité des militaires américains se contentaient de porter un tee-shirt avec ce slogan résumant leur philosophie : *« Kill them all and let God sort them out »* (Tuez-les tous, et laissez à Dieu le soin de les départager). Rappelons, pour mémoire, que la présence militaire américaine au Liban a pris fin avec la mort de 230 marines tués dans l'explosion d'un camion-suicide qui avait réussi à pénétrer le QG américain supposé bien protégé.

Pourtant, depuis la fin de la guerre au Viêtnam, en 1975, l'armée bénéficie – en dépit de nombreux scandales sexuels dans les casernes, y compris de viols collectifs – d'un renouveau de confiance sans précédent. Hollywood l'a bien compris. Au registre très noir du Coppola d'*Apocalypse Now* a succédé le regard admiratif du Spielberg de *Il faut sauver le soldat Ryan.*

Mais quelques Européens se trompent en dénonçant la guerre en Irak comme une entreprise largement profitable à notre industrie militaire. Ce conflit est le fruit de la volonté des États-Unis d'imposer sa vision de la démocratie (ou de l'impérialisme, comme diraient les critiques) par des moyens plus expéditifs que la diplomatie. On peut s'opposer à une guerre parce qu'elle n'est pas nécessaire, oui. Mais *toutes* les guerres, y compris celle contre Hitler, enrichissent les fabricants de canons. En débarquant en Normandie il y a plus d'un demi-siècle, les soldats yankees garantissaient là aussi des bénéfices à nos marchands de canons, mais peu de Français s'en lamentaient.

L'intervention militaire en Irak ne sera pas la dernière, surtout avec une Amérique qui s'arme jusqu'aux dents. C'est en effet implicite dans les enseignements des théoriciens de la guerre, Sun zi et Carl von Clauswitz : une grande force militaire ne reste jamais longtemps inutilisée. Vous connaissez beaucoup d'heureux propriétaires d'une Maserati ou d'une Porsche qui la laissent au garage toute l'année ?

Amours yankees

Permettez-moi de commencer par un point de vue strictement masculin, mais il faut l'avouer, entretenir une relation avec une Américaine n'est pas facile, ce qui explique peut-être que chez nous seuls les prêtres et les homos cherchent à se marier. La libération des femmes a créé une situation où le mâle se sent perpétuellement remis en cause, où il a l'impression d'être à la messe, assis au premier rang entre papa et maman.

Non sans raison, diront mes ex-copines.

Une petite anecdote.

Un soir où je dînais seul dans un restaurant parisien du boulevard Saint-Germain, j'ai pu suivre en direct la conversation de mes voisins, un couple de touristes américains retraités, plutôt bon chic bon genre. Persuadés que j'étais français après m'avoir entendu parler au garçon, ils ont totalement ignoré ma présence (comme si un Gaulois qui comprenait l'anglais, c'était impensable).

J'ai vite compris qu'ils effectuaient leur deuxième lune de miel, mais, subitement, leur discussion a pris un tournant inattendu.

« Tu sais, nos quarante ans ensemble, c'était pas un tapis de roses ! » commence la femme sur un ton qui ne me plaisait pas du tout. Son mari se raidit comme s'il s'asseyait sur le fauteuil du dentiste.

« Pourquoi tu dis ça ? Nous sommes à Paris pour nous amuser. Tu veux encore ressortir ces vieilles histoires, répond-il.

— Bien sûr, tu préfères enterrer toutes ces saloperies que tu m'as faites. C'est facile ! »

Unique témoin de leur scène de ménage, je faisais semblant d'être plongé dans mon Simenon dont je tournais les pages régulièrement pour ne pas avoir l'air de les écouter, mais leur histoire était bien plus palpitante que les aventures de Maigret.

Voilà deux ou trois décennies, le mari, un médecin semble-t-il, avait eu une aventure avec une certaine Rosa, d'où l'allusion perfide au tapis de roses. Sans confirmer les faits, le mari avoua que Rosa n'était pas antipathique et qu'elle avait certaines qualités.

« Dis plutôt de belles hanches ! C'était une garce comme pas deux !

— Ça, oui, elle avait un beau cul… »

Il laissa sa phrase en suspens, sentant qu'il avait été trop loin.

« Non, juste les hanches, corrigea sa femme. Ses fesses étaient moches, c'était visible avec les trucs moulants qu'elle portait ! Quelle idiote, celle-là ! Et tu es tombé droit dedans, comme un vrai gamin. Et ne crois pas que tu étais le seul. Elle faisait les yeux doux à tous les hommes. Avec cette fille, il suffisait de porter un pantalon. »

La délicieuse Rosa était-elle infirmière, standardiste, technicienne ou je ne sais quoi ? Par un réflexe de journaliste, je me posais des tas de questions sur cette liaison dangereuse, qui devait remonter aux années 70. Pour ne pas finir mon repas avant eux et me trouver ainsi privé de dénouement, j'ai même commandé un plateau de fromages.

Je suis néanmoins resté sur ma faim. Le mari supposé volage n'a jamais éclairci certains détails de cette relation coupable.

Ce qui m'a frappé dans cette scène, c'est qu'elle se déroulait en public, le ton de l'épouse rendant superflu tout sous-titrage en français. Cet incident m'a plongé dans un abîme de réflexions sur les relations entre les sexes dans un pays où les comportements sexuels oscillent entre deux extrêmes : l'apparition du sein de Janet Jackson déclenche un scandale mais les pratiques très libérées des ados laissent indifférents.

Il est vrai que le mâle américain est victime d'une image négative de lourdaud, de mollasson et d'amant médiocre. Au cinéma ou dans les séries télévisées, il est fréquemment caricaturé comme un être faible et indécis, soumis à son épouse et à ses enfants. Même le chien a plus d'importance que lui. Son rôle d'époux et père est essentiellement biologique et alimentaire (celui du *provider*).

Le prototype du mâle US est Dagwood Bumstead, le héros d'une bande dessinée des années 30, qui n'arrive jamais à s'imposer et devient la risée de ses proches mais aussi du facteur et des commerçants du quartier. Il ne sait faire que deux choses – d'interminables siestes et des sandwichs monstrueux. À la maison, il est manipulé et bousculé, au boulot il est brimé par un patron abusif. De temps en temps, poussé par son épouse Blondie, il envisage de demander une augmentation, mais ne réussit en fait jamais à affronter son chef.

Un scénario qui voit, comme chez les abeilles, le mâle fainéant abdiquer au profit de la reine de l'essaim familial. L'épouse gère la maison, règle les factures, s'occupe des enfants, et, pour obtenir ce qu'elle veut, se transforme en *« nag »*, un terme que l'on pourrait traduire approximativement par mégère. Il n'est donc pas rare de voir un mari se faire agresser en public, comme mon pauvre voisin dans ce restaurant parisien.

On a du mal à imaginer cet *homo americanus* si maladroit draguer et parvenir à ses fins, ce qui explique peut-être la nécessité pour les Américaines de faire aussi preuve d'initiative au lit. Le séducteur américain n'est pas comme souvent en Europe un prédateur. Dans le film *Le lauréat*, il faudra attendre que Mrs Robinson se mette à poil pour que le jeune héros, joué par Dustin Hoffman, comprenne enfin les intentions de l'amie de ses parents.

« Madame Robinson, vous voulez me séduire, n'est-ce pas ? » dira finalement Braddock. Sans blague.

Une charmante juriste parisienne qui a vécu un certain temps aux États-Unis m'a raconté qu'elle trouvait les Américains si mièvres et si gentils que cela suscitait chez elle une certaine agressivité.

Aux États-Unis, entre le mollasson et le cowboy, il y a un vide dans lequel les féministes se sont engouffrées. Et, si la cause des femmes a trouvé un sol fécond aux USA, ce n'est pas tant à cause des inégalités entre les sexes mais parce que les hommes du Nouveau Monde ont tout fait pour abandonner le pouvoir à leurs femmes.

Quant aux Américaines, il en existe deux catégories : la romantique qui attend le coup de foudre pour faire l'amour, et la pragmatique qui passe immédiatement à l'acte en attendant de tomber amoureuse.

Il y aurait à redire sur le côté « sexy » de nos femmes. Programmées par les pubs Colgate-Palmolive, les « *Cosmo girls* » confondent volontiers attirance sexuelle et propreté, et même leur parfum n'arrive pas toujours à dissimuler un arrière-goût de détergent ou d'eau de Javel. Si elle pense terminer la soirée au lit, la Yankee disparaît dans les toilettes du restaurant pour se pulvériser le pubis avec son *personal hygiene spray*. En deux siècles, nos hommes ne sont pas arrivés à faire comprendre à ces belles ce que toute Française sait d'instinct : l'arôme d'une femme est à son apogée entre 12 et 24 heures après son bain.

Pour revenir à la féministe, son principe de base   c'est   Tu-dois-m'accepter-comme-je-suis. Résultat, mollets, aisselles, moustache le cas échéant, la guerre du poil n'a jamais lieu ; elle se propulse en avant avec la démarche d'un paysan dans son champ et sa voix est audible à cent lieues à la ronde comme si elle défilait dans une manif de la CGT.

Parfois, la doctrine féministe n'est qu'un prétexte : « Pourquoi devrais-je me badigeonner les lèvres avec de la matière fécale d'insectes pour satisfaire les fantasmes juvéniles d'un mec ? » demande l'actrice Sandra Bullock, dans le film *L'amour sans préavis*. Et pourtant, elle finit par tomber dans les bras de Hugh Grant.

Épousez une Française coûte certes cher à cause des nombreuses vacances passées à l'autre bout du monde, mais avec une Américaine il faudra compter avec les multiples séances (non remboursables) devant le psy ou le « médiateur de couple ». Moins chères mais tout aussi exténuantes, les soirées qui commencent par ces mots fatidiques : « Parlons de notre relation. » Dialoguer avec l'assistance technique de Wanadoo est moins stressant qu'une « évaluation » des relations à l'américaine, un genre d'exercice qui ne finit jamais avant 4 heures du matin.

Sur le plan sexuel, l'Amérique reste *le* pays des contrastes. Comment expliquer cette mode des fellations qui sévit depuis une quinzaine d'années, surtout en Californie où elle prend des allures presque ludiques et rituelles chez les ados pendant la récré. (Pas étonnant que les prostituées de cet État se plaignent de concurrence déloyale.)

La fille cadette d'une de mes amies de Floride me racontait que ses copines de l'université de Caroline du Nord la traitaient de « Ma Kettle » (mère Kettle), un personnage de péquenot dans le cinéma d'après-guerre. Pourquoi ? « Parce que j'ai dit à mon mec que je suis d'accord pour le sucer cinq minutes pas plus. À lui de se débrouiller, sinon tant pis. »

Cinq minutes ? À l'époque où j'ai grandi dans l'Ohio puritain des années 60, on aurait assassiné père et mère à la tronçonneuse pour ces quelques instants. Mais l'Amérique a bien changé. Faut-il voir là une tendance spécifiquement américaine ? Selon nos sociologues, ce qui plaît dans la fellation, c'est son aspect efficace : simple, rapide – pas besoin de se déshabiller – et en plus c'est faisable dans la voiture.

Selon les féministes, le système capitaliste de l'offre et de la demande serait à l'origine de cette mode puisque ce sont surtout les femmes « faibles » qui se laissent convaincre. Mais elles s'abstiennent de partir en croisade sur ce sujet. À quoi bon puisque, de toute façon, la présence d'un homme fait de n'importe quel acte sexuel un viol aux yeux de certaines extrémistes américaines comme Andrea Dworkin, auteur de plusieurs brûlots féministes.

Le code de conduite sexuelle comporte aussi un volet masculin. Dans un épisode de *« The Sopranos »*, autre série télévisée à succès, l'oncle maffioso de Tony Soprano laisse tomber sa copine parce qu'elle a commis une faute grave : elle a raconté à une de ses amies que l'oncle l'avait transportée au septième ciel en se servant de sa langue. Scandale ! Un vrai mec ne fait jamais ça, du moins dans la communauté machiste italo-américaine (les Noirs non plus, semble-t-il). Ce sont là pratiques de *Frenchies*.

Mais l'Amérique va quelquefois plus loin que la France, dans la permissivité. Certaines mairies, notamment à San Francisco, ont ainsi célébré des mariages entre homosexuels. Votre Pacs est dépassé, comme votre bon vieux Minitel qui a cédé la place à l'Internet. Et aujourd'hui à New

York, on trouve trois sexes : homme, femme et transsexuel.

Face à cette libéralisation des mœurs, l'Amérique traditionnelle ne se laisse pas faire, et l'hypocrisie qui, chez nous, est au cœur de l'érotisme, a encore de beaux jours devant elle. L'image du mari avec la fidèle épouse à son bras n'a rien perdu de son actualité, surtout sur la scène politique. Et si le mari s'est montré volage, le couple doit tout de même fonctionner à l'exemple des Clinton.

« Je sais très bien combien de voix j'ai eu grâce à toi », déclare en public Arnold Schwarzenegger à sa femme, au soir de sa victoire. Maria Shriver, la nièce de John F. Kennedy, avait « mal » réagi aux premiers articles publiés dans le *Los Angeles Times* qui racontait comment Terminator s'était permis de peloter des dizaines de femmes sur le plateau et dans les coulisses. « Si elle n'avait pas ensuite publiquement soutenu son mari, la campagne aurait certainement sombré », explique Douglas Rivers, un spécialiste de sciences politiques à l'université de Stanford.

La question des rapports entre les deux sexes prend de plus en plus d'importance dans un pays qui souffre de la disparition du cercle familial, alors que, comme l'explique David Shumway, l'auteur très foucauldien de *Modern Love*, « l'intimité est sans doute le grand refuge face à la

désintégration sociale créée par le capitalisme ».
Un débat qui n'est pas prêt de finir.

Et la belle Rosa, je me demande ce qu'elle est
devenue ?

Ne nous appelez plus jamais capitalistes

Contrairement à ce que pensent les Français, les États-Unis ne sont pas le pays du capitalisme par excellence. D'ailleurs, accuser un Américain d'appartenir à un « isme » quelconque, c'est risqué, comme si vous insultiez la frangine d'un Sicilien. Nous fuyons les idéologies comme les Français la semaine sans RTT.

Donc, pas de « capitalisme » s'il vous plaît. Parlez plutôt de « libre entreprise » *(free enterprise)*, car c'est ainsi que nous appelons notre système économique basé sur le marché. Si les Américains se doutaient qu'en France on les traite toujours de « capitalistes », la francophobie en reprendrait pour un bail. Et puis, entre nous, pourquoi se laisserait-on imposer le vocabulaire révolutionnaire et passéiste d'un philosophe allemand du XIXᵉ siècle ?

L'histoire ne dit pas quel communicant génial, probablement new-yorkais, a inventé ce terme de libre entreprise, à la satisfaction de tous. Peut-être travaillait-il aussi pour la boîte de com qui a lancé le mot « solidarité » afin de faire admettre aux Français qu'ils doivent payer pour ceux qui en ont marre de bosser tous les jours. À chaque pays ses Grandes Idées.

L'idéologie des Américains est simple : puisque nous sommes gouvernés par des incompétents, mieux vaut laisser faire le marché. C'est pourquoi, en année électorale, tous nos candidats promettent de défendre le (tant pis, utilisons le mot) capitalisme bec et ongles (comme s'il était question, même deux secondes, de changer de système). Vous voyez les Américains se convertir un jour au socialisme, qui pour nous n'est que le communisme mais sans goulags ?

Cela dit, passons à la question qui tarabuste les Français depuis un certain temps : le scandale des stock-options, les rémunérations indécentes de quelques PDG et les tours de passe-passe financiers chez Enron et Worldcom ont-ils ébranlé le capitalisme à l'américaine ?

La réponse est non, trois fois non. Comme Joséphine Baker, chaque Américain a deux amours, son pays et les plus-values – de préférence à Wall Street. Une bonne moitié de la population possède des actions en Bourse (les autres s'en remettent aux casinos de Las Vegas). Dites à un résident de Columbus ou d'ailleurs que faire de l'argent avec de l'argent est immoral et vous risquez de vous retrouver en état d'arrestation, un peu comme si vous aviez murmuré le mot « bombe » sur un vol d'American Airlines.

Pour dénicher des opposants au système capitaliste, il faut chercher longtemps. On a peut-être ses chances dans quelque *ashram* perdu de Californie ou dans les canyons bobos de New York, ville vouée comme chacun sait aux dieux de la gauche caviar.

Certes, le scandale d'Enron, qui a vu les dirigeants de cette société texane truquer les comptes pour faire monter les cours à la Bourse, a profondément choqué – sauf évidemment les heureux actionnaires qui ont vendu au bon moment. Mais l'amour des Américains pour la libre entreprise est resté intact, de même qu'en France quelques décès ou paralysies imputés au maroilles ne déclenchent pas un boycott des fromages.

La chute d'Enron a certes fait perdre 32 milliards de dollars aux investisseurs, mais cela ne représente même pas 0,20 % de la valeur totale des actions de Wall Street et du Nasdaq. À condition de ne pas mettre tous ses œufs dans le même panier (comme la caisse de retraite privée d'Enron y obligeait ses employés), l'investisseur moyen s'en est tiré à peu de frais. Et n'importe quel chauffeur de taxi vous le dira, la Bourse américaine donne à long terme un rendement annuel de 8 %, même en tenant compte du crash de 2000. Chez nous, la Bourse c'est le PEA, PERP et Codevi de *Mister* Tout-le-monde.

D'ailleurs, l'investisseur yankee, excessivement trouillard face au spectre du terrorisme, se transforme en un véritable corsaire prêt à prendre tous les risques avec son portefeuille d'actions, et il se voit proposer les armes les plus sophistiquées comme les *warrants*, les dérivés et les options, qui sont les équivalent boursiers du baccara, du poker et de la roulette. Peut-être faut-il voir là un aspect génétique : après tout, nous sommes pour la plupart les descendants de ces Européens qui, au XIXe siècle, ont osé traverser l'Atlantique, faisant preuve d'un certain esprit d'aventure.

Idem pour nos entrepreneurs contemporains qui ont l'audace chevillée au corps. Aux États-Unis, 19 des 25 plus grandes sociétés ne datent que de 1960 (en France, aucune). Ici le goût du risque peut rapporter gros. Il est vrai que le capitalisme, ajouté à un gouvernement peu interventionniste, laisse entrepreneurs et consommateurs évoluer dans un environnement où la libre concurrence est la règle. Des *price wars* (guerres de prix) éclatent régulièrement pour attirer les clients, et même le livre n'y échappe pas. En l'absence de loi Lang, tout détaillant peut offrir des rabais sur les best-sellers. Chez nous, pas de loi Galland (interdiction de vendre à perte) ni de loi Royer (limitation des grandes surfaces).

Mes compatriotes aiment à penser que l'esprit d'entreprise et les faibles cotisations qui figurent sur nos bulletins de paie finissent par motiver les forces vives du pays. Chez nous, bien des employés caressent l'espoir de rouler un jour dans une de ces limousines à rallonge comme on en voit dans les rues de New York. Et bon nombre y arrivent – en louant l'un de ces engins l'espace d'un week-end.

Les Américains sont bien conscients qu'il faudrait être fous pour changer un système économique qui a fait de tous ces immigrés, ces mécontents, ces jean-foutre et ces taulards venus d'Europe, des gens riches, voire très riches. La comparaison entre Canadiens et Yankees, deux peuples qui ont beaucoup en commun, confirme cette vision. Les Américains réalisent 20 % de plus de richesse (PNB) par habitant que leurs voisins du Nord, peut-être parce que le Canada impose davantage les particuliers (44,7 % contre 35,6 % aux États-Unis).

Une espèce de *bushido*, de code d'honneur guerrier, s'applique ici à tous les acteurs du capitalisme, victimes comprises. Michael Moore peut bien pester contre les fermetures d'usines décrétées par General Motors, pour la majorité des citoyens, une entreprise inefficace et déficitaire ne mérite que la faillite et l'arrêt de ses activités (sauf si on a des alliés à Washington pour voter des aides), et il ne vient à l'idée de personne de pleurer sa disparition. L'Empire romain ne condamnait-il pas à mort ses généraux vaincus ?

Les Français, en revanche, s'accrochent désespérément à chaque entreprise agonisante, comme s'il s'agissait d'une grand-mère branchée sous perfusion. Chaque annonce de plan social fait trembler à l'exemple du tocsin jadis dans les villages. Une OPA est accueillie comme la peste. Aux États-Unis, les comportements sont radicalement différents.

En attendant de renouveler mon permis de conduire, je bavarde dans un bureau de Columbus avec Tom, un homme de 51 ans, qui vient de perdre son emploi et, bien pire, une bonne partie de sa retraite complémentaire à la suite de la faillite de son employeur, les hypers Big Bear (Grand Ours).

« Je pourrais toujours trouver un autre emploi, m'explique-t-il, mais la caisse de retraite privée tenue par l'entreprise a aussi sombré, et ma retraite par répartition gouvernementale, c'est à peine 25 % de mon dernier salaire. »

C'est dur pour lui, mais dans la communauté, pas de mobilisation contre Big Bear. Pour écouler son stock de denrées périssables, la direction fait d'importants rabais, avec le concours loyal du personnel tout à fait disposé à travailler jusqu'à la dernière minute. Sans prise d'otages ni séquestration du patron à la française. Ainsi le veut le code d'honneur du *bushido*. Comme un samouraï, on retient ses larmes.

À peine 24 heures après l'annonce de la banqueroute de Big Bear, une chaîne rivale, Giant Eagle, affichait des pancartes et des banderoles géantes proclamant « *Welcome Big Bear customers* » (Bienvenus aux anciens clients de Big Bear). L'Aigle a remplacé l'Ours, et tout continue comme avant. Tant qu'il peut trouver ses Wheaties et ses Corn Flakes à un bon prix, le consommateur de Columbus reste indifférent. Un comportement qui a toujours étonné les Français. Gustave de Beaumont, le compagnon d'Alexis de Tocqueville au Nouveau Monde, écrivait déjà à son père qu'aux États-Unis le commerce était une véritable « passion nationale » qui passait avant tout. Il aurait pu ajouter que la loi de l'offre et de la demande y est vénérée comme un saint du calendrier catholique. Des compagnies aériennes comme TWA, Pan-Am, Eastern et National ont cessé d'exister, mais ce n'est pas pour autant qu'on manque de places dans les avions. Alors, si demain Levis et Kodak coulent parce qu'ils sont en difficulté, ce n'est pas grave, d'autres prendront leur place.

Au cœur de cet amour pour le capitalisme, les PDG, qui jouissent de la même complaisance que les intermittents en France : ils touchent des sommes colossales au détriment des autres, et personne ne leur en veut vraiment. Après le scandale Enron, la loi Sarbanes-Oxley a effectivement renforcé les contrôles sur la gouvernance des corporations, rendant plus difficile –

mais pas impossible — de diriger une grande société à la manière dont Saddam Hussein gère l'Irak. Mais quand les procureurs ont mis en examen le responsable financier d'Enron, Andrew Fastow, et son épouse, le public s'est mis à trouver cet escroc plutôt sympathique. Difficile, un an après les faits, de lui en vouloir. Et puis comment demander au requin de renoncer à dévorer tout ce qui passe à sa portée ?

Le rôle des businessmen dans les affaires du pays est loin d'être négligeable. Un conseil des ministres à la Maison Blanche sans une bonne proportion d'ex-PDG, c'est rare. Surtout avec les républicains au pouvoir (George Bush lui-même est sorti de la Harvard Business School). Imaginez en France qu'une dizaine de portefeuilles ministériels soient réservés au Medef.

Si le mot « multinationale » évoque le loup-garou pour les petits Français, il n'en va pas de même outre-Atlantique. Sauf quand elles s'expatrient pour payer moins d'impôts, elles sont considérées comme la principale source de richesse nationale, même avant Hollywood.

Pour les Français, le patron modèle doit être un humaniste, façon Jean Valjean, mais chez nous ce sont plutôt les innovateurs qui suscitent l'admiration. Tout le monde a oublié un pharmacien morphinomane nommé John Pemberton, l'inventeur en 1886 du Coca-Cola. En revanche, celui qui reste dans les annales des *success story*,

c'est Asa Candler : pour 1 000 dollars, il en
acheta les droits et, après avoir investi 20 % des
revenus dans la publicité, réussit à en faire la
boisson nationale.

Fidèles aux principes de la libre concurrence,
les Américains continuent à prêcher la mondialisation, même si l'Inde commence à nous chiper
des emplois dans les services. Dans l'industrie,
c'est déjà fait : en perdant 2,9 millions d'emplois, les États-Unis sont revenus au niveau de
1961. Une véritable désindustrialisation au profit des pays émergents. On compte sur le reste
du monde pour nous servir d'usine, et, principalement sur la Chine.

Ces dernières années, on a cependant constaté une sensibilisation du public aux conditions
de travail, à l'étranger comme chez nous. Grâce
aux médias, l'Américain découvre que des entreprises jouissant d'une bonne image – Nike et
Gap pour ne citer que deux exemples – bénéficient d'une main d'œuvre sous-payée en Chine
et en Amérique centrale. Le gouvernement de
Washington n'a pas réagi, mais certains consommateurs se sont mobilisés, appelant au boycott
de ces sociétés et au paiement de prix de détails
« équitables ».

Sur le territoire américain aussi les conditions
de travail sont souvent loin d'être roses. Un
exemple : Wal-Mart, le numéro un mondial de
la grande distribution qui pratique des prix

ultra-bas, compte 1,4 million d'employés dont 44 % partent chaque année pour trouver un autre boulot. La raison ? 1 000 euros de salaire mensuel ne leur permettent pas de nourrir une famille de trois personnes et d'échapper à la pauvreté. Le triomphe de Wal-Mart et autres hypers a depuis longtemps balayé le commerce de proximité (seuls les New-Yorkais font leurs courses à pied), mais cette quête sans fin de prix toujours plus compétitifs commence à semer le trouble dans les esprits. Des articles en série et des reportages dans les médias ont réussi à faire fléchir les gérants de Wal-Mart, soucieux de leur image.

Il arrive aussi que la loi du marché piège le consommateur américain. Nous encourageons la concurrence entre nos géants pharmaceutiques en leur laissant fixer librement les prix. Du coup, pour rentabiliser leurs labos, ils vendent leurs médicaments beaucoup plus chers sur le territoire national puisque ailleurs, y compris en France, les prix sont contrôlés par la législation. Résultat, certains Américains partent au Canada ou au Mexique faire leur shopping pharmaceutique, tout comme ces frontaliers qui vont en Belgique acheter leurs cigarettes et faire le plein.

Déjà fort mécontent à l'idée de ces « cadeaux » forcés aux consommateurs étrangers (français entre autres), le gouvernement de Washington était évidemment très réticent à l'idée de vendre à bas prix des trithérapies contre le sida aux pays africains. Il a fallu longtemps pour parvenir à un compromis imposé par l'opinion mondiale.

Belle pub pour la « libre entreprise » [1]

Le shopping, un devoir civique

L'Amérique est vraiment le royaume du consommateur. Pour lui — et surtout pour elle — de nombreux magasins affichent le « 24/7 », ouvert 24 heures sur 24, sept jours sur sept. Les soldes, limités chez vous à deux saisons frénétiques, sont là-bas non-stop. Nos quotidiens pèsent une tonne à cause des publicités qui annoncent ici des rabais chez un bijoutier, là un *clearance sale* (Tout doit disparaître) chez le vendeur de pneus. Sur les ondes, des spots incitent continuellement à la consommation. Sans compter le courrier électronique et ces *spams* qui nous envahissent (et vous aussi par conséquent), promettant des seins parfaits ou un pénis plus grand, avec en prime les moyens de les financer en hypothéquant sa maison. Même la clef de ma chambre d'hôtel porte une pub Pizza Hut.

Les États-Unis, ça ressemble, en fait, à la caravane publicitaire du Tour de France, mais *tous les jours*. Les Américains sont peut-être des capitalistes, mais ils sont avant tout des consommateurs. Deux siècles de pensée libérale, du théoricien Adam Smith au XVIIIe siècle à l'économiste Milton Friedman au XXe, nous ont conduits vers une société où acheter est presque une raison d'être.

Réfléchissez un instant : pourquoi l'Amérique n'a-t-elle jamais souffert d'une invasion militaire ? C'est simple. N'importe quel envahisseur, comme Bonaparte dans l'immensité russe, se perdrait vite dans cette succession infinie de banlieues bourrées de centres commerciaux, pizzerias, stations d'essence, golfs miniatures, entrepôts de vente en direct, magasins de sports, revendeurs de meubles en rotin *made in India*, centres Hi-Fi, palais de l'informatique… qui se ressemblent toutes.

À Columbus, quand j'ai raconté à mon copain Morris et à sa femme Shirley qu'en France les soldes n'avaient lieu que deux fois par an, ils ont ri, pensant à une blague. Quand j'ai insisté, « sérieux, deux fois par an », Morris a pris un air inquiet, comme si je lui apprenais qu'à Paris les orphelins mouraient tous de faim.

« En plus, là-bas, c'est le gouvernement qui fixe les dates et envoie des inspecteurs vérifier que les prix sont vraiment soldés », ai-je ajouté.

Sur ce, Morris a retrouvé son sourire, et me donnant une claque amicale dans le dos :

« Sacré Ted ! Je commençais à te prendre au sérieux. Deux fois par an, et la police qui contrôle les prix ! Elle est bonne, celle-là ! Tu veux une autre bière ? »

Pourquoi sont-ils tellement fous de shopping, ces Américains ? Selon Vance Packard, le sociologue qui, dans les années 50, avait passé au crible la société de consommation américaine dans son étude *The Status Seekers*, il faut remonter à ce désir très Nouveau-Monde d'épater son entourage, de lui en mettre plein la vue. C'est la preuve qu'on travaille dur.

Packard constatait, par exemple, que les Américains qui s'offraient des climatiseurs les plaçaient souvent devant une fenêtre donnant sur la rue, à la vue des regards. Les mêmes se plaisaient aussi à imiter une certaine Europe raffinée en accrochant de faux portraits « d'ancêtres » ou en posant des bougeoirs en argent sur une table d'acajou, même s'ils avaient l'habitude de dîner dans la cuisine. L'archétype du luxe, dans ces années-là, était les robinets plaqués or qu'on mettait d'abord dans la salle de bain des invités.

Cette tendance innée du bourgeois américain s'appelle « *Keeping up with the Jones* », une sorte de poursuite infernale qui vise à ne pas se laisser distancer sur le plan matériel : si les Jones s'achètent une Pontiac, avoir une simple Chevrolet devant la maison, c'est la honte. Je me souviens encore du jour, au début des années 60, où les voisins m'ont invité à admirer leur nouvelle acquisition, une télévision en couleur. J'étais consterné en rentrant à la maison où m'attendait notre poste ringard, toujours en noir et blanc. Mon père, qui était prof, a résisté pendant une bonne décennie à la tentation de la couleur, au grand désespoir de ses enfants.

On distingue ici trois façons – plus que de fromages américains – de faire du shopping. Le *food shopping*, d'abord, consiste à remplir le caddy une ou deux fois par semaine avec des bricoles alimentaires que l'on fourre ensuite dans le frigo ou le congélo. Sans intérêt. Il y a ensuite le vrai shopping : on achète pour habiller toute la famille, sortir avec les copines, se changer les idées. Et puis, il ne faut pas oublier l'*impulse shopping*, ces coups de cœur pour des trucs dont on n'a nullement besoin mais qui, une fois soldés, deviennent irrésistibles.

La rage de consommer a donné naissance à la plus grande surface du monde, Wal-Mart, dont le fondateur Sam Walton, un croquant de Bentonville dans l'Arkansas (le même État que Bill Clinton), nourrissait, derrière une façade placide, une ambition démesurée. Mort en 1992, il a laissé à ses héritiers une gigantesque chaîne d'hypers. Avec un chiffre d'affaires de 245 milliards de dollars, Wal-Mart est trois fois plus grand que Carrefour (pourtant numéro deux dans le monde). Sa devise ? *« Everyday low prices »*, des prix bas tous les jours de l'année, un refrain que connaît par cœur chaque enfant américain, comme un vers de La Fontaine pour un petit Français. Comment cette chaîne arrive-t-elle à vendre moins cher ? Principalement en évitant que ses employés se syndiquent, ce qui fait baisser les frais de gestion de 30 %.

On l'aura compris, aux États-Unis, le vrai pouvoir n'est pas au bout du fusil mais dans les poches. Les USA enrichissent le reste du monde grâce à leur consommation effrénée : notre déficit extérieur tourne autour de 450 milliards de dollars par an. Principal fournisseur, la Chine, où le coût de fabrication reste très bas. Une consolation, cela nous garantit une paix sino-américaine durable. On ne fera jamais la guerre à Pékin, sinon comment les Américains s'habilleraient-ils ?

Le général de Gaulle râlait contre ce qu'il appelait le « privilège exorbitant » des Américains. Nous achetons vos biens et vous financez notre dette nationale.

Sauf dans quelques centres-ville comme à New York, les commerces de proximité n'existent quasiment plus aux États-Unis où tout n'est plus que grandes surfaces, supers, et hypers, qui deviennent aussi des lieux de rencontre. Même dans les grandes cités qui ont résisté à la vague du discount, on trouve toujours le moyen d'acheter moins cher. Vous avez envie d'un costume Armani ou de chaussures Ferragamo ? À Manhattan, les prix vous effarouchent ? Pas grave, allez chez un soldeur *warehouse* du New Jersey, vous y trouverez les mêmes marques 40 % moins chères.

Dans ce contexte, on n'en fait jamais trop pour faire plaisir au client. Sur la route, je remarque un camion de je-ne-sais-plus quelle marque de produits laitiers où je peux lire « *How's my driving ?* » (Est-ce que je conduis bien ?) assorti d'un numéro vert en cas de plainte. Pas question de laisser un conducteur mal élevé ou trop pressé offenser des acheteurs potentiels.

La grande distribution est constamment à la recherche de gadgets susceptibles d'attirer l'attention du consommateur blasé. La dernière trouvaille, le tee-shirt « *tagless* », sans la petite étiquette cousue dans le dos. On imprime directement sur le tissu, avec une encre ineffaçable, marque et notice – et, miracle, ça ne gratouille plus. Pour les Américains, qui adorent le progrès « scientifique », cette invention est aussi importante qu'un nouveau vaccin. Les commerçants ravis voient leur chiffre d'affaires augmenter : qui voudrait encore porter de vieux tee-shirts avec des étiquettes à l'ancienne ? D'ailleurs, depuis que j'ai découvert l'existence des *tagless*, je ne supporte plus l'étiquette de mes vieux tee-shirts.

En Europe, quand il s'agit d'argent, on manque carrément d'imagination. Que fait un Français fauché ? Il s'enferme chez lui, sombre et morose, et, en attendant des jours meilleurs, il se serre la ceinture. Et que fait un Américain dans la même situation ? Il sort l'une de ces cartes de crédit *revolving* qui arrivent par la poste tous les trois ou quatre mois sans même qu'on les demande, et il se rend dans un centre commercial pour soutenir l'économie nationale.

Ni guerres, ni tempêtes de neige, ni crises économiques, ni le 11 septembre… n'empêchent l'Américain de faire son shopping. Les commerçants ont bien compris que, le soir, notre pays, New York ou Las Vegas mises à part, manque de divertissements, surtout pour ceux qui en ont marre de rester devant leur télé. Les généreuses heures d'ouverture des magasins offrent une réponse à leur ennui ou à leur angoisse. En France, on se contente du Lexomil, mais outre-Atlantique, c'est shopping *plus* Lexomil (ou plutôt son cousin américain, le Valium).

À la fin du mois, l'heureux possesseur de la carte reçoit évidemment une facture. Mais, que ce soit pour un montant de 45 ou 4 500 dollars, elle porte en caractères gras la mention « Vous êtes obligé de payer seulement 15 dollars. » C'est tout ? OK ! Il apparaît d'ailleurs difficile de déterminer la somme qui est due parce que les banquiers encouragent vivement à s'endetter – à des taux de 15 % à 18 %. Un détail.

Le consommateur moyen vit ainsi dans un état d'endettement permanent de l'ordre de 9 000 dollars par foyer. La ruine ? La catastrophe ?

Oui et non. Ceux qui le peuvent trouvent un jour de l'argent pour rembourser leurs dettes avec le *re-fi* (re-financement d'une maison en profitant d'une hausse des valeurs immobilières). Les autres, on les compte par centaines de milliers, font chaque année banqueroute afin de pouvoir recommencer un an plus tard, une fois leurs dettes effacées.

Le shopping se transforme facilement en drogue. Il y a quelques années, lorsque Northland, le centre commercial préféré de Morris, a fermé ses portes, mon ami était atterré. Rien à faire, puisque les propriétaires de Northland avaient perdu leur « ancre », un hyper généralement, et, dans ce cas, une succursale du grand magasin Lazarus. Selon une rumeur, des gangs de jeunes Noirs s'étaient aussi mis à « traîner » à Northland, faisant fuir les bons bourgeois blancs. Dans les *malls* américains, cette ancre, pour utiliser le terme technique, est essentielle car elle attire une clientèle qui fréquente également les petites boutiques. Le chagrin de Morris fut de courte durée. Un « petit » nouveau encore plus gigantesque surgit dans un ancien champ de maïs, à peine cinq kilomètres plus au nord, le centre commercial Polaris, du nom d'un ancien missile nucléaire. Il bénéficia immédiatement de quatre « ancres » de grands magasins, et fut moins fréquenté par les jeunes oisifs du coin.

Un soir de désœuvrement à Columbus, je suis

allé vers 22 heures au centre Polaris, dans la succursale du grand magasin new-yorkais Lord &
Taylor faire un peu d'*impulse shopping*. Au rayon
hommes, je tombe sur des chemises Ralph Lau-
ren, en pur coton, apparemment de qualité. Elles
coûtent chacune 15,60 euros, après réduction de
60 %. Arrivé à la caisse, on m'annonce un prix
de 12,50 euros par chemise.

« Jusqu'à 23 heures, on fait 20 % de réductions
supplémentaires, m'explique le caissier. Vous
n'étiez pas au courant ? »

Je m'en vais ravi, mes chemises sous le bras,
en me disant : « Quel deal ! » La bonne affaire.

Mieux qu'une dose de Lexomil.

Le dieu Dollar

On reproche souvent aux Américains d'être le pays du pognon. Ils ne parlent, dit-on, que de ça, ils ne pensent qu'à ça.

Ce n'est pas entièrement faux.

L'argent coule dans nos veines depuis toujours, et même bien avant la naissance des États-Unis. Selon la version officielle, les Pères pèlerins sont arrivés, il y a 400 ans, pour pratiquer enfin librement leur religion. Certes, mais ces fous de Dieu ont bien failli mettre le cap sur la Guyane, plutôt que sur le rivage nord-américain. Pourquoi ? Simplement parce que Sir Walter Raleigh avait presque réussi à les convaincre que l'Eldorado se trouvait là-bas. Ce grand aventurier et confident de la reine Elisabeth Iʳᵉ s'était trompé sur l'emplacement des mines d'or. Dommage pour les contribuables français qui, depuis, comblent les déficits de ce département d'outre-mer.

Dans les années qui suivirent, des immigrés de

tous les continents débarquèrent en Amérique pour échapper à la misère et aux guerres, trouver un boulot et vivre mieux, mais aussi (et pourquoi pas, Guizot aurait approuvé) s'enrichir.

Depuis, rien n'a changé au pays du dollar. Afin de comprendre ce que le billet vert signifie aux yeux des Yankees, osons quelques comparaisons. Ce qu'est Château-Lafitte pour les Français, la Ferrari Testarossa pour les Italiens, le caviar Béluga pour les Russes, voilà ce que représente notre monnaie nationale pour mes compatriotes. Elle est tout simplement notre patrimoine, notre contribution à l'humanité. Et aussi, disons-le crûment, notre religion.

Avoir honte de parler argent, comme dans certains pays catholiques où un percepteur se cache derrière chaque pot de fleurs ? Jamais ! Le coût de la vie, chiffré en dollars et en *cents*, préoccupe tous les Américains, et ils en discutent librement. Puisque nous en sommes aux comparaisons, vous connaissez beaucoup de Français qui restent cois quand on parle de vin ?

Mais, surtout, le billet vert nous sert d'emblème. Quand je m'apprêtais à partir pour mon premier voyage en Europe, ma mère m'a glissé entre les mains un petit cadeau de départ : dix billets flambant neufs d'un dollar, qu'elle s'était donnée la peine d'aller chercher à la banque ce matin-là.

« En Europe, tu sais, m'a-t-elle expliqué,

comme si le moment était venu de m'apprendre les choses de la vie, ils sont dévastés, ruinés par la guerre. Si jamais tu as un problème avec la police ou les douaniers, il suffit de dire que tu es citoyen américain. Et puis, si la situation est vraiment critique, tu peux toujours proposer un billet vert aux indigènes. Leurs propres devises ne valent rien, et ils adorent le dollar. »

C'était dans les années 60, et ma mère, qui lisait les quotidiens uniquement pour dénicher les soldes afin d'habiller ses quatre enfants, ignorait qu'en Europe on ne crevait déjà plus de faim. Les Trente Glorieuses en France et la *Wirtschaftswunder* en Allemagne, elle n'en avait jamais entendu parler. Elle était persuadée que ces pauvres Européens pouvaient survivre pendant une semaine avec un seul de ses dollars, comme d'ailleurs tout un village d'Africains. (Il est vrai qu'à cette époque on pouvait encore dîner dans un restaurant modeste de Columbus, dans l'Ohio où j'ai grandi, pour un dollar.)

Sa confiance naïve et presque mythique dans le pouvoir du dollar reflétait bien la croyance partagée par tous les Américains : le dollar flottait sur le monde comme un véritable signe de la puissance américaine, une puissance plus formidable encore que n'importe quelle armada, que ce soit la Grande Armée de Napoléon ou la Wehrmacht de Hitler.

Cette véritable foi en la monnaie nationale

peut choquer les Européens et surtout les Français. Alexis de Tocqueville jugeait de façon très positive la classe moyenne américaine et il y voyait même un modèle pour la société française. Mais il constatait aussi : « Je ne connais même pas de pays où l'amour de l'argent tienne une plus large place dans le cœur de l'homme. » Un Américain, ajoutait-il, indigné, serait capable de vendre son chien si on lui en proposait un bon prix.

Avec tout le respect dû à ce talentueux observateur de l'Amérique du XIXᵉ siècle, remarquons qu'il n'avait même pas 30 ans lors de sa visite outre-Atlantique et ne connaissait que très peu de pays. Deux, en fait, la France et l'Amérique. Qu'aurait-il pensé des Chinois, ces hommes d'affaires nés ? Et des habitants des pays du Levant où le commerce occupe une place d'honneur, où l'on négocie les dots avec acharnement. Il est vrai que Tocqueville n'était pas vacciné contre cette hypocrisie de l'aristocratie normande pour qui le fric (elle n'en manquait pas à cette époque) était une affaire laissée aux juifs et aux protestants, deux religions fort répandues aux USA.

Et, en y réfléchissant, il est tout de même curieux de voir à quel point nous pouvons nous définir par le pognon. À croire que devenir un Rockefeller est le but ultime du citoyen américain. Et c'est d'ailleurs le cas pour certains de mes compatriotes. Une mère américaine dira à ses enfants que, s'ils font bien leurs devoirs, s'ils se lavent bien derrière les oreilles et s'ils mangent tout ce qui se trouve dans leur assiette, tout leur est possible. Ils pourront même un jour devenir milliardaires, ou, à défaut, présidents des États-Unis. Dans un pays profondément marqué par le calvinisme (même les cathos et les juifs sont calvinistes chez nous), réussir sur le plan matériel est une preuve de la faveur de Dieu.

Outre-Atlantique, la réussite professionnelle se mesure incontestablement en espèces sonnantes et trébuchantes, si on excepte le prof de faculté (rarissime) qui consacre toute une vie à la poterie assyrienne. Nombreux sont ceux qui rêvent d'accéder au fameux club des 1 % des plus hauts revenus. Un sondage révélateur : 19 % des contribuables américains interrogés estimaient qu'ils appartenaient déjà à ce cercle prestigieux ! Et 20 % sont persuadés qu'ils atteindront ce niveau de leur vivant. Peur du percepteur, le contribuable américain ? Pas vraiment.

Faute de trouver place parmi les élus du 1 %, on peut encore faire la fierté de maman et rendre jaloux le beau-frère en décrochant un revenu annuel dans « les six chiffres » (*six figures*, en VO), c'est-à-dire au moins 100 000 dollars par an. C'est le strict minimum pour que votre secrétaire puisse la ramener auprès de ses collègues devant la machine à café.

Mais si vous voulez être respecté, vous avez intérêt, faute de vous enrichir, à suivre cette règle d'or : « gagner votre âge » *(earn your age)* comme on dit chez nous. On doit ainsi, à l'âge de 35 ans, gagner 35 000 dollars bruts par an, et à 45, 45 000 dollars. Des chiffres qui n'ont rien de mirobolant, et sont même la norme chez les ouvriers de l'industrie automobile ou les routiers, grâce à la puissance de leurs syndicats.

Quant à ceux qui n'y arrivent pas (les *losers* quoi), le système capitaliste leur montre les dents. Ils sont condamnés à une vie de marginaux, avec les problèmes que l'on connaît : faible protection sociale, difficultés pour trouver une assurance médicale, enfants peu ou mal scolarisés, familles décomposées, taux élevé de drogue et criminalité.

Comme le dieu Dollar ignore les frontières, il règne aussi en maître dans le domaine culturel. En France, un film est d'abord jugé sur ses qualités artistiques, ensuite sur son nombre d'entrées en salle. À Hollywood, chaque long-métrage s'apparente à une entreprise cotée en Bourse : on regarde avant tout le *box office gross*, c'est-à-dire le chiffre d'affaires, dont le record appartient à *Titanic* qui a gagné 601 millions de dollars aux États-Unis et 1,8 milliard dans le monde.

Voici un truc pour reconnaître un Américain « cultivé », c'est celui qui lit attentivement les prix des dernières ventes aux enchères de Sotheby's et Christie's pour savoir – en fonction des sommes adjugées – si un tableau de Kandinsky est plus cher, donc plus esthétique qu'une œuvre de Munch.

D'où la stupeur d'un psychanalyste français, Pascal Baudry, auteur de *France et Amérique, l'autre rive*, devant une banderole du Smithsonian Institute de Washington invitant les touristes à découvrir leur nouvelle acquisition, un tableau de maître d'une valeur de « cinq millions de dollars ». Aucune mention du peintre – un certain Léonard de Vinci. En bon Français cultivé, il s'étonne auprès du gardien : comment peut-on indiquer le prix d'achat d'une œuvre et oublier de mentionner le nom de son créateur ? Nullement décontenancé, ce dernier répondit par cette évidence : « Tout le monde ne sait pas qui est Léonard de Vinci, mais tout le monde sait ce que sont cinq millions de dollars. » Une preuve, selon Pascal Baudry, du philistinisme américain.

Dans un Hexagone profondément élitiste en matière de culture, ce type de comportement serait inimaginable. Chez vous, tout le monde, y compris ceux qui n'ont pas décroché le brevet, est *supposé* savoir qui est Léonard de Vinci. Aux États-Unis, surestimer le niveau culturel de la population, c'est aller droit dans le mur : outre-Atlantique, un bon quart du public s'avère incapable de désigner la capitale de la France, alors un artiste italien du *quattrocento*... À mon humble avis, la direction du Smithsonian faisait simplement preuve de pragmatisme.

Pragmatiques aussi ces Américains qui n'hésitent pas à dire à n'importe qui combien ils gagnent, les plus fanfarons allant jusqu'à gonfler leur revenu pour impressionner leur auditeur. Mais voilà, le cliché est à la fois vrai et faux. Si, dans certaines entreprises, chacun connaît en effet la fiche de paie de son voisin, la transparence n'y est pour rien. C'est plutôt pour contrer la discrétion recommandée par certains patrons, afin de dissimuler des inégalités qui risqueraient d'encourager le personnel à se syndiquer.

Un jour, le rédacteur en chef du *Miami Herald*, grand quotidien de Floride où je sévissais, me convoque pour m'annoncer une bonne nouvelle : j'allais être augmenté de 4 %. Champagne !

« Mais ne dites rien à vos collègues, ajoute-t-il, car on n'a pas pu faire le même effort pour tout le monde. » Re-Champagne !

Foutaises ! En bon reporter, j'ai très vite appris que, cette année-là, les augmentations variaient de 2 à 8 %. Je me situais plutôt dans le bas de la fourchette. Et, de fait, une rapide enquête de certains journalistes devait révéler l'existence de différences de salaire flagrantes au sein de la rédaction. Ceux qui étaient payés au tarif *Germinal* fermaient leur gueule, par honte (ou ignorance), et les vedettes restaient discrètes pour ne pas faire de jaloux. Résultat, tous faisaient le jeu de la direction. En échangeant le montant de nos salaires, nous avons pu, avec le temps, corriger

certaines disparités à coup de négociations bila-
térales. C'est souvent ainsi que nous pratiquons
en Amérique où faire grève est le dernier recours. Moralité : mieux vaut être au courant de
ce que gagne le voisin.

Il fut un temps aux États-Unis où la haute
société affectait, à l'image des Européens, un certain mépris vis-à-vis de l'argent. Dans un film de
1948, *Un million clefs en main*, on constate encore
une certaine réticence bourgeoise à parler de ces
questions.

« Pourrais-tu éviter de parler d'argent en présence des enfants, chéri ? » demande Myrna Loy.

Et Cary Grant de répondre : « Et pourquoi ?
Ces deux gamines en dépensent pas mal ! »

Mais la haute société n'a jamais dicté sa loi
outre-Atlantique où la classe moyenne règne sans
partage.

Ainsi, Bettie, l'épouse de Bennett, notre vieux
médecin de famille, raconte sans la moindre gêne
comment, chaque matin, elle découpe avec une
patience infinie les coupons d'escompte des grandes surfaces que l'on trouve dans tous les quotidiens régionaux de l'Ohio. Ce petit travail lui
permet de faire des économies sur les produits
alimentaires. Et tant pis si les articles en promotion ne satisfont pas toujours le palais de son
mari, depuis longtemps à la retraite.

Invité à dîner chez eux, dans leur spacieuse
maison de Morning Street, la gentille Bettie aux

bonnes joues roses de provinciale me sert du fromage blanc de la marque Light'N Lively accompagné de pêches en conserve, sucrées à mort.

Et d'annoncer guillerette : « Tant pis pour Bennett s'il n'aime pas le cottage cheese Light'N Lively. Mais celui-ci était soldé à 1,95 dollar le pot. » Je mange par amitié, mais son mari fait de la résistance.

« Je préfère le cottage cheese de Prairie Farms », grommelle le bon docteur, exactement comme dans mon souvenir. Mais Bettie, loin de se laisser impressionner par ces Prairie Farms dont le pot coûte plus de trois dollars, rétorque doucement mais fermement, sur le ton qu'on utilise pour une personne atteinte de la maladie d'Alzheimer : « Le Prairie Farms n'est pas soldé cette semaine, chéri. » La discussion est close. Et pourtant, le couple vit très confortablement grâce à l'excellente retraite de Bennett. Mais, pour Bettie, pas question de refuser un produit soldé. C'est un principe. Et quant à discuter ouvertement du coût du repas devant un invité, pas de problème. On est à des années-lumière de l'Hexagone.

Au cours de la soirée, on parle un peu de l'Europe, que le couple voudrait visiter un jour (ça dure depuis 40 ans !), mais on en revient vite aux questions d'argent, en l'occurrence aux prix pratiqués dans les différents centres commerciaux de la région. Car, dans les salons de Columbus, le fric est un sujet de conversation naturel, un peu comme la politique, les vacances ou le cul en France.

Tout le monde sait, m'explique Bettie, que les commerçants baissent les prix de vente de quelques petits centimes, pour séduire le consommateur. Au lieu de coûter 10 dollars tout rond, le tube de crème adoucissante pour les mains, par exemple, ne fait « que » 9,95 dollars. Classique en effet, mais en bonne comptable, elle a remarqué que dans les magasins populaires on réduit les prix d'un seul *cent* afin d'attirer le chaland, alors que dans les échoppes plus huppées on pratique volontiers des réductions de cinq *cents*, afin d'afficher un prix du type 9,95 dollars, le 9,99 dollars faisant un peu attrape-nigaud.

Et Bettie de s'indigner : « Les pauvres gens qui font leur shopping dans les hyper-marchés finissent par payer plus cher ! »

Autre pays, autres mœurs. Ailleurs, Bettie aurait peut-être fait une excellente révolutionnaire, se battant sur les barricades pour que les plus défavorisés puissent, eux aussi, payer cinq *cents* de moins. J'ai pu, en tout cas, constater qu'elle avait en tête tous les prix des produits : une parfaite consommatrice au royaume du dollar.

Ce royaume, c'est grâce à vous que nous l'avons bâti. Si l'Amérique est, en effet, devenue le premier empire financier, c'est par défaut, grâce aux Européens qui se sont entre-déchirés au cours des deux grandes guerres du XXe siècle, nous laissant le terrain libre. Porté au premier rang par ces événements tragiques, le dollar a transformé le Vieux Continent en un lieu de plaisir et de culture destiné à distraire mes compatriotes. Et si, dans les années 20, des écrivains américains, tel Ernest Hemingway, sont venus s'installer à Montparnasse, il faut en remercier le taux de change qui faisait de chaque Yankee un homme riche. De même, après la Deuxième Guerre mondiale, dans les années 45-50, le pouvoir d'achat du dollar a de nouveau permis à quelques jazzmen noirs américains d'échapper au racisme de leur patrie, en investissant Saint-Germain-des-Prés.

Pratiquer la monnaie unique depuis presque 150 ans, voilà le secret de la puissance économique de nos cinquante États. (Avant 1861, il existait une trentaine de billets différents et les Sudistes avaient même créé le *Confederate dollar*, un rival du dollar.) Malgré l'arrivée de l'euro, la vieille Europe, avec ses dix-huit devises nationales, est encore loin de cette unité que nous a apportée le dollar. Comment, dès lors, unifier un pays composé d'immigrés des cinq continents, parlant une bonne centaine de langues maternelles, et pratiquant, selon le mot de Talleyrand, trente-deux religions ? En plus, le dollar apporte aux Américains déracinés et en manque de tra-

ditions un sentiment de permanence et de stabi-
lité à travers le temps. Pendant que les Français
redessinaient je ne sais combien de fois leurs
billets, passant de l'image d'un pêcheur breton à
celle de Voltaire, le dollar, lui, restait le même :
terne, inesthétique, avec toujours l'austère por-
trait de George Washington et, au dos, la pyra-
mide avec son œil un peu maçonnique.

Rien de surprenant, donc, si mon ex-voisine
de l'Ohio, Lynn Kelly, a fait encadrer le tout
premier dollar (et le dernier sans impôts) qu'elle
a gagné. Ce billet, reçu à 15 ans en récompense
de son travail de baby-sitter, occupe une place
d'honneur dans son salon, non loin d'un por-
trait de la Vierge Marie. (D'origine irlandaise,
Lynn est une fervente catholique.) Ainsi, se cô-
toient dans son cœur George Washington et la
mère de Jésus... ses deux religions, catholicisme
et dollar. Une alliance d'ailleurs historique puisque le dollar comporte cette mention fort peu
laïque *« In God We Trust »* (En Dieu, nous plaçons
notre confiance).

Vénération donc, mais aussi fierté devant les
hommages rendus presque partout dans le monde
à nos billets. Si l'*homo americanus* n'est guère en
odeur de sainteté à l'étranger, le billet vert, lui,
l'est incontestablement. Longtemps avant la chute
du mur de Berlin, le dollar l'avait aisément em-
porté sur le rouble soviétique. Même ceux qui
nous haïssent jugent notre monnaie incontour-

nable, et une vingtaine de pays utilisent notre devise comme leur monnaie *de facto* ou *de jure*, le dernier en date étant le Timor oriental. D'autres, comme Hong Kong, le Canada et l'Australie, lui empruntent son nom. Si le billet vert est aussi la devise préférée des gangsters, des contrebandiers et des vendeurs de drogues de toute la planète, les Américains se disent que c'est parce qu'en bons pros ils reconnaissent sa valeur. (Et quand le dollar baisse, les étrangers sont plus inquiets que nous.)

Accusée d'impérialisme ou de néocolonialisme, la classe politique fait la sourde oreille. Les quatre guerres « chaudes » du siècle dernier – les deux guerres mondiales, plus la Corée et le Viêtnam – n'ont pas agrandi d'un pouce notre territoire. Nul besoin en effet, puisque c'est notre puissance économique sans rivale qui nous sert d'*Invincible Armada*. Et cela ne date pas d'hier. Ainsi, dans un film hollywoodien des années 30, on assiste à une vente aux enchères des plus beaux spécimens de l'écurie des Habsbourg. À Vienne, dans la capitale autrichienne minée par la guerre 14-18, on a besoin d'argent pour passer l'hiver. Une superbe jument blanche est présentée. Les enchères fusent : 500 000 schillings, 800 000, puis un million, et coup de théâtre : un riche aristocrate bavarois qui a encore les moyens offre *deux* millions de schillings. Deux millions pour un cheval ! Le public est ahuri.

C'est alors que du fond de la grande salle somptueusement décorée surgit un individu, le plus pur cliché de l'Américain, avec son chapeau texan et son cigare au bec.

« Cinquante dollars US pour la jument ! » lance-t-il en maître du monde.

Soupirs dans l'assistance. Nul ne peut rivaliser avec l'homme aux dollars. À lui la belle jument.

Les Français et les Anglais, ces anciennes puissances impériales, ont souvent orné leurs musées avec des trésors artistiques acquis aux quatre coins du monde de manière… expéditive. Les Américains, eux, ont dû payer leurs collections, et en plus au prix fort. (On dit qu'il existe chez nous plus de 600 tableaux de Cézanne, dont une bonne partie serait authentique.) Grâce à notre frénésie de shopping international, il y a toujours plus de dollars à l'extérieur du continent américain qu'à l'intérieur.

Mais au-delà de l'aspect purement commercial, il existe pour tout Américain un lien étroit entre la richesse et la « poursuite du bonheur », notion qui est même inscrite dans notre Constitution. Au point que nous pourrions reprendre à notre compte la philosophie du gentleman impécunieux Wilkens Micawber, merveilleuse création du romancier britannique Charles Dickens : sans argent, le bonheur est impossible. « Revenu de 20 livres et dépenses de 19 livres et demi.

Résultat : le bonheur. Mais revenu de 20 livres et dépenses de 20 livres et demi. Résultat : le malheur. » Avec beaucoup d'argent, on s'épanouit pleinement. C'est là une idée très américaine.

Dans *Gatsby le magnifique*, le roman de F. Scott Fitzgerald qui a le plus marqué les esprits au XXᵉ siècle, le héros n'est un héros que grâce à sa richesse, dont l'origine reste mystérieuse. On apprend seulement à la fin du livre que Gatsby n'est qu'un fils de petits bourgeois du Middle West. Mais d'où vient sa fortune ? Cette question va obséder les autres personnages. Comme si la richesse anoblissait...

En Amérique, nous croyons au pouvoir rédempteur de l'argent. Tout comme Emma Bovary pensait que l'amour « devait arriver tout à coup, avec des grands éclats et des fulgurations ». Eh bien, l'argent aussi. Certes, rêver de gagner le gros lot est loin d'être un monopole américain et toutes les loteries européennes récoltent des millions en faisant croire aux simples citoyens qu'un bon numéro peut faire d'eux des milliardaires. Mais, à l'image d'un pays mégalomane en matière d'argent, la loterie made in USA se devait d'être la plus généreuse de la planète. Gagné ! Powerball, une loterie coopérative réunissant 20 des 50 États (le gouvernement fédéral à Washington n'en organise pas), offre des lots qui peuvent atteindre 300 millions de dollars. Plus que les 240 millions d'El Gordo en Espagne.

Dans un pays où chacun rêve d'être milliardaire, on rechigne à faire des économies sou par sou, du genre « je mets cent euros par mois sur mon Livret A ». Livret A qui existe d'ailleurs aussi aux États-Unis, mais avec un curieux effet montagne russe lié à son aspect boursier : on gagne 19 % les six premiers mois de l'année pour en perdre 17 % les six suivants. Soit au final un gain de 2 %... comme en France.

Quant aux Américains qui possèdent déjà un certain confort matériel, ils veulent devenir riches, très riches comme Bill Gates. Et, en plus, vite fait, à la manière des chercheurs d'or de Californie en 1849. D'où la tentation de Wall Street.

Prenons le cas de Jason, un confrère de New York aux côtés duquel j'ai couvert la guerre Iran-Irak. Un type calme, studieux et pas du tout impulsif. Je croyais le connaître, et pourtant...

À la fin des années 90, son père meurt, lui laissant en héritage quelque 300 000 dollars. Jason m'apprend au téléphone son décès et me demande des conseils en matière d'investissement en Bourse. Je lui parle des actions classiques, des sociétés bien gérées, rentables. Il ne dit mot.

Deux ou trois ans après, on se téléphone pour parler de je-ne-sais-quoi et je repense à ses investissements.

« Il en reste un peu, pas beaucoup », me dit-il sur un ton résigné mais aussi désinvolte. Je m'en étonne.

« Comment ça, un peu ?

– Bof, il doit rester à peu près 15 000 dollars.
Je n'ai pas bien vérifié ces derniers temps. »

Seulement 15 000 dollars, soit 5 % de son capital ! De nombreux investisseurs ont certes
perdu jusqu'à 50 ou 60 % en misant sur la bulle
dotcom avant l'an 2000, mais voir disparaître
95 % ? Après quelques questions, j'ai compris
qu'il s'était littéralement déchaîné en « plaçant »
son argent comme au casino. Il n'avait choisi que
deux actions aux performances spectaculaires :
Sun Microsystems et une petite start-up chinoise.
Toutes deux ont crashé peu de temps après…

Il ne faut pas dramatiser. Après tout, Jason
jouit toujours d'un salaire (correct) de journaliste, et il peut compter sur une retraite décente.
Mais, fini son rêve inavoué : devenir millionnaire.

« Tu comprends, ajoute Jason, ce qui m'inté-
ressait, ce n'était pas seulement de gagner quelques dollars supplémentaires, mais de changer
complètement de vie. »

Et c'est vrai, pour nous, dollar rime avec liberté. Un Américain a besoin de peu de choses
– une voiture et de l'argent – pour vivre à sa
guise. À ces conditions, tout est possible. Comme
Humbert Humbert, le « héros » pédophile de la
Lolita de Vladimir Nabokov, ou comme Thelma
et Louise au cinéma, on peut rouler à travers le
pays en toute liberté, de motel en motel, de job

en job. Mieux vaut alors payer en espèces car,
avec les cartes bancaires, on est vite repéré. Libre ? Oui, vraiment… en tout cas, jusqu'à l'apparition malencontreuse du shérif du coin.

On peut aussi partir comme Delia Grinstead,
40 ans, l'héroïne d'*Une autre femme*, un roman
d'Anne Tyler. Cette épouse de médecin, mère
de trois grands enfants, en proie au mal de vivre
et d'aimer, s'en va refaire sa vie avec seulement
500 dollars en poche. Fuir, s'affranchir de toute
obligation, est une tentation typiquement américaine. Et il suffit d'une poignée de dollars pour
les plus audacieux.

Alors, chaque année plus de 110 000 adultes
« disparaissent » aux États-Unis pour commencer
ailleurs une nouvelle existence, à la Gatsby ou à
la Grinstead. Mais aussi à l'image de celle de
leurs ancêtres qui ont un jour traversé l'Atlantique (ou le Pacifique), laissant leur passé derrière
eux. Du jour au lendemain, ces déçus de *leur* vie
partent tout bonnement, fuyant une réalité qui
les chagrine. Dans une Amérique où la carte
d'identité n'existe pas, où changer de nom se fait
en toute légalité et en moins de quatre semaines,
il est possible de laisser derrière soi une vie pié-
gée par les dettes, la famille, un conjoint abusif,
une pension alimentaire excessive, un patron qui
vous harcèle, des gens qui ne vous comprennent
pas… Tout est possible chez nous – à condition
d'avoir une bagnole, un plein d'essence… et un
peu de fric.

Et puis, ce sacro-saint dollar représente aussi la liberté de dire non. Il arrive fréquemment qu'une mère américaine donne à sa fille un billet de 20 dollars pour payer le taxi du retour si « ça tourne mal » au cours de son rendez-vous galant. C'est ainsi qu'un soir, sur le divan du salon, au moment des prémices amoureuses, mon ami Nelson fut étonné de voir tourbillonner comme une feuille morte un billet vert qui finit par atterrir sur la moquette. Sa copine l'avait glissé dans son soutien-gorge... au cas où.

La voiture, notre vache sacrée

Tentative de séduction à l'agence de location de voitures de l'aéroport de Philadelphie. Le client, moi en l'occurrence, a réservé une petite cylindrée, et le représentant de la société de location, en l'occurrence Budget Rent-a-Car, va donc tenter de me persuader de prendre une marque plus prestigieuse, ou plus puissante — pour quelques dollars de plus.

Dans notre société, ces rôles sont aussi immuables que dans une pièce de Sophocle. À l'employé de me faire comprendre que la poubelle que je vais louer est plutôt destinée aux damnés de la terre. Un type comme moi, dont la réussite saute aux yeux (il en rajoute, cela fait toujours plaisir), ne peut pas se permettre d'être vu au volant de ce bout de ferraille.

Ça ne marche pas. Je tiens à la petite Toyota que j'ai réservée par Internet. De toute façon, une voiture « mini » aux États-Unis équivaut à un gabarit tout à fait normal en France. Le préposé, un jeune homme d'une vingtaine d'années, finit par renoncer non sans m'avoir donné, ce conseil amical :

« Aw man, your boss makes you drive a little car like that ? Time to change job ! », me dit-il. (Mon pauvre monsieur, votre patron vous oblige à rouler dans un petit truc comme ça ? Il faut changer de boîte !)

La voiture aux yeux des Américains n'est pas seulement un moyen de transport. Elle révèle votre personnalité, celui que vous êtes ou voulez devenir. Elle fait partie intégrante du rêve américain. Sans voiture, vous êtes invisible, vous n'existez pas. Seuls quelques New-Yorkais envisagent la vie à pied ou dans les transports en commun, mais ceux-là sont aussi américains que les Belges sont français – c'est-à-dire pas du tout. Quand j'explique à mes amis de l'Ohio que bon nombre de Parisiens n'ont même pas d'autos, les mâchoires tombent d'étonnement.

En Amérique, on vous pose partout cette question : *« What do you drive ? »* (quelle voiture avez-vous ?), pour savoir qui vous êtes, et parce qu'on manque de sujets de conversation. Vous ne pouvez pas répondre ? Dangereux, vous aurez droit à un rapport du FBI (et depuis le 11 septembre vous risquez la détention provisoire).

Dans notre société sans classes, la voiture dit tout. Y compris vos rêves et vos soucis. Le modeste comptable se métamorphose en Casanova en s'offrant une Pontiac Grand Prix GT1, un bolide au profil aiguisé. La mère de famille croit mettre sa progéniture à l'abri des terroristes en roulant dans une Dodge Durango 4 × 4. La star de cinéma se donne une image écolo en choisissant l'hybride de Toyota, la Prius.

Les mâles noirs d'une cinquantaine d'années optent pour la super luxueuse Cadillac De Ville, un véhicule de standing dans les cités. Désir d'échapper à une condition sociale défavorisée ? « Cette voiture représente pour certains les économies de toute une vie, par exemple cinq mille repas sautés », répond le comique noir Godfrey Cambridge. Pour certains, la bagnole compte plus que la bouffe.

La géographie des États-Unis a été façonnée par l'automobile et pas l'inverse. Les banlieusards yankees prennent leur bagnole pour tout faire, y compris se reproduire. Un jour, mon ami Morris me présente un couple, Pamela et Ed, qui se sont découvert une passion commune : une Hummer, version civile de la Humvee, la monstrueuse descendante de la Jeep militaire, conçue pour traverser les champs de bataille, au prix d'une consommation d'essence pharaonique : 30 litres aux 100 kilomètres.

« Cette voiture a sauvé notre mariage », explique Pamela sans qu'on lui pose la question. « Tous les deux, c'était le train-train. On ne prenait plaisir à rien. Et puis Ed est rentré à la maison avec une sacrée bonne idée — acheter une Hummer. Moi, je ne savais même pas ce que c'était. En 48 heures, elle était à nous, et désormais tout a changé. Je ne vous dirai pas combien de fois par semaine on fait maintenant l'amour, mais pour compter j'ai besoin des doigts des deux mains ! » Une confidence accompagnée d'un petit rire grivois et d'une grande tape dans le dos.

Son époux, en train de vérifier le capuchon du réservoir d'essence, semble un peu gêné, mais il confirme avec un hochement de la tête ce renouveau amoureux. La Hummer H2 (40 000 euros pièce), qui a la forme d'une boîte de cigares posée sur deux essieux, est garée devant leur maison de style chalet suisse. Dans la paisible banlieue d'Upper Arlington, près de Columbus, cette « voiture » est aussi discrète qu'une tarentule sur un quatre-quarts.

On fait des prouesses pour marier chauffeur et bagnole, afin d'assurer aux constructeurs — et aux actionnaires — des bénéfices confortables. Grâce au phénomène très répandu du *leasing*, tout est possible, à condition d'avoir un boulot et un compte en banque. Vous aimez la Honda Civic, une voiture fiable avec climatiseur et boîte automatique ? Pourquoi s'en priver ? Toute neuve, elle ne vous coûtera que 160 euros par mois pendant trois ans, et, le cas échéant, vous aurez la possibilité d'en devenir propriétaire à un prix intéressant. Autre alternative : choisir un modèle différent, tout neuf, bien sûr, toujours en *leasing*. Envoûtant comme un chant de sirène.

De toute façon, la voiture est obligatoire dans ce pays aux interminables banlieues. Ici le piéton est interdit de séjour, sauf à New York naturellement. En tout cas, on n'en voit pas. Se déplacer à pied est presque antiaméricain, et il arrive souvent que les résidents des quartiers aisés signalent à la police tout bipède qui passe devant leur maison. Et la police de se précipiter pour jeter un œil...

Les rares personnes qui attendent dans un abri d'autobus (parfois une bonne heure) appartiennent aux classes défavorisées : beaucoup de Noirs, surtout des femmes de ménage venues travailler dans les beaux quartiers et quelques chômeurs de longue durée. La classe moyenne, derrière son volant, ne les voit même pas.

Bizarrement, avoir un volant dans les mains n'a pas le même effet sur les conducteurs de nos deux pays. Le Français se prend pour Alain Prost sur son circuit, l'Américain se détend et se met en conditions, comme pour une séance de psy.

Sur l'autoroute à quatre voies qui relie Boston au New Hampshire, la limite de vitesse, comme presque partout dans le pays, est seulement de 105 kilomètres à l'heure. C'est l'Opération Es cargot, à l'Américaine.

Ça me rend fou !

Devant moi, deux voitures bloquent effectivement les deux voies car l'une est en train de dépasser l'autre. En Europe, doubler un véhicule se fait en un éclair. Ici, cela peut demander cinq minutes ou bien plus, quand il s'agit d'un camion. Alors quand un TIR en dépasse un autre, comptez une bonne demi-heure.

Pourquoi ? C'est simple. Les voitures sont pour la plupart équipées de *cruise control* (régulateur de vitesse), réglé sur 105 km/h, mais la technologie appliquée à l'automobile étant nécessairement inexacte, certains régulateurs font rouler à 104,98 kilomètres à l'heure, par exemple, et d'autres à 105,03. Résultat, quand un régulateur en dépasse un autre, c'est avec une infime différence de vitesse. Et tout le monde doit patienter.

Il existe pourtant une solution fort simple : appuyer sur le champignon pour en finir, mais il faudrait faire un effort, et le conducteur yankee préfère écouter la musique ou poursuivre son *chat* avec le passager. Dans son automobile, l'Américain est chez lui et il ne supporte pas qu'on le dérange.

Regardez l'habitacle des véhicules sortis de Detroit : le confort est digne d'un living-room, avec un maximum de (faux) velours ou de (faux) cuir. Grâce à la direction assistée, le conducteur n'a qu'à effleurer le volant et la boîte automatique standard lui permet de passer des heures

sur son portable. Tout est fait pour que l'automobiliste ne manque de rien. Il peut boire son
café Starbucks en conduisant, se goinfrer de fast-
food sans quitter son siège (grâce au service *drive-
through*), écouter sa stéréo en *wrap-around sound*
(avec quatre haut-parleurs) et, une fois garé, se
livrer à des jeux amoureux – l'espace ne manque
pas dans cette maison close peluchée et ouatée.
(Dans le cas de certaines pratiques amoureuses,
inutile même de se garer.) Pas besoin de payer
une chambre d'hôtel. Et puis les amortisseurs
sont tellement bien réglés qu'on peut traverser
un passage à niveau sans sentir les rails. Une
bagnole américaine, comme le remarquait le romancier Raymond Chandler, semble se conduire
toute seule. Ajoutez-y la cheminée et le feu de
bois et vous avez votre *sweet home*.

D'ailleurs, chaque nuit aux États-Unis, des
centaines de milliers de « SDF motorisés » dor-
ment dans leur véhicule, faute de logement.

La plupart des voitures américaines consomment à peu près autant d'essence qu'un char
AMX. Du gaspillage ? En fait l'essence coûte à
la pompe le quart du prix français, et la crainte
de voir s'épuiser les réserves pétrolières mondiales n'effleure pas le moins du monde nos
conducteurs.

« Pas grave, la science américaine trouvera
bien des solutions, me répond Morris, l'hydro-
gène ou autre chose. » Et tant mieux, cela fera

un brevet américain supplémentaire. Indestructible optimisme yankee.

Cette foi inébranlable dans la science et le progrès est parfois agaçante. Chaque prix Nobel gagné conforte l'Américain dans ses certitudes, ce qui explique le succès limité de la très économe Toyota Prius et de ses rivaux hybrides.

La chasse au gaspi, ici on connaît pas. Cette boulimie d'énergie – les États-Unis consomment à eux seuls un quart de l'énergie mondiale – ne se manifeste pas seulement dans l'amour des grosses cylindrées. Été comme hiver, chez lui l'Américain est pieds nus et en tee-shirt. Tout comme Richard Nixon qui, même en été, voulait sa petite flambée dans la cheminée de la Maison Blanche. En plein mois d'août, il montait la climatisation avant d'aller ensuite se réchauffer au coin du feu. Plus banalement, en hiver, de nombreux Américains, équipés d'un démarrage à distance, font tourner le moteur de leur voiture pendant dix minutes, afin de monter dans une bagnole bien douillette.

Pays prodigieux, perte d'énergie prodigieuse. Selon une étude récente réalisée par l'université du Texas A & M, les Américains gaspillent chaque année presque 120 millions de barils de pétrole dans les embouteillages. Soit l'équivalent de *deux mois* de la consommation totale des Français. En plus, cette soif de pétrole fait probablement monter le prix mondial du baril de 5 à 10 %.

Mais que font les écologistes ? Pas grand-chose. Ils ont bien lancé une campagne contre les très populaires SUV *(Sports Utility Vehicles*, ou 4 × 4), qui consomment un maximum, en moyenne 20 litres au 100. En Californie, la police recherche toujours les « terroristes » écolos qui ont incendié en pleine nuit des dizaines de SUV entreposés chez des concessionnaires.

Gary Trudeau, auteur de la bande dessinée de gauche *Doonesbury*, caricature les bourgeois qui s'offrent d'immenses 4 × 4 pour circuler en ville.

« Au fait, pourquoi as-tu besoin de ton 4 × 4 ? demande sa femme à Mike Doonesbury, le héros de Trudeau.

– C'était bien utile quand j'ai dû monter sur le trottoir pour me garer en accompagnant les enfants au match de foot », répond-il. Mais ces quelques protestations sont à peine audibles dans le vacarme de la circulation quotidienne.

La voiture reste, et restera, notre vache sacrée. Et attention : un petit gars de chez nous préfère qu'on touche à sa femme plutôt qu'à sa voiture. En tout cas, avis aux jaloux : aux États-Unis, ne vous aventurez pas à rayer la peinture d'une voiture toute neuve. Réfléchissez d'abord : chez nous, la peine de mort, ça existe.

Au paradis des riches

« *The poor will always be with us.* »

Il y aura toujours des pauvres. Aux États-Unis, les privilégiés acceptent cette affirmation comme une fatalité. L'utopie ce n'est pas notre style. L'économie peut atteindre des sommets, le chômage pratiquement disparaître, mais on verra toujours des ghettos avec leur cohorte de drogués, de marginaux, d'illettrés, d'assistés (ou plutôt de semi-assistés puisqu'on est en Amérique). Bref, des gens qui n'ont pas réussi au pays du self-made man.

Un Américain accepte l'existence de la pauvreté comme un Français juge normal d'être taxé à mort par la direction des impôts : cela fait partie intégrante de la société. Outre-Atlantique, la fracture sociale entre les *haves* et les *have-nots*, entre ceux qui possèdent et ceux qui n'ont rien, ou presque, est considérée comme immuable.

La machine américaine, cette légendaire fabrique à millionnaires, produit aussi des pauvres, à peu près dans les mêmes proportions que l'économie française, qui, en revanche, vient en aide aux plus démunis par « solidarité ».

Aux États-Unis, parler des pauvres et de la pauvreté crée un malaise comme si, invité chez un grand compositeur, vous évoquiez ses flops plutôt que ses succès. Pourquoi ce sentiment ? Parce que nous pensons, sans jamais l'avouer, que si les pauvres sont pauvres, c'est *de leur faute*. Ce sont des *losers* égarés dans la jungle darwinienne, les perdants de ce que le romancier britannique Charles Dickens appelait « le combat pour la survie ».

Phénomène curieux, la jalousie sociale existe bien aux USA mais elle fonctionne à l'inverse de la France : on en veut non pas aux riches mais aux démunis, aux sans-emploi. Comme si, rien que par leur existence, ils étalaient au grand jour les ratés du système américain. Certes, la charité existe, elle se porte même très bien, et se manifeste à titre privé de façon généreuse. Mais chez nous, il n'est pas question de solidarité, car il ne faut pas que le gouvernement donne aux pauvres *something for nothing*. Cette idée profondément ancrée dans nos gènes remonte aux premiers colons, qui, au XVIIe siècle, ont dû trimer dur pour passer l'hiver. Les paresseux mettaient en péril toute la communauté.

Les exemples ne manquent pas. Il y a quelques années, le leader démocrate au Congrès,

Dan Rostenkowski, fut obligé de fuir devant une foule déchaînée prête à le tabasser. À ses trousses, des truands, des extrémistes ? Pas du tout. De respectables seniors, furieux parce qu'il avait instauré une cotisation visant à offrir aux pauvres une assurance maladie, une mesure annulée par la suite. Plus tard, une tentative similaire d'Hillary Clinton échoua également, car la majorité des assurés ne voulaient pas payer pour les 43 millions d'Américains qui ne le sont pas. *Haves* contre *have-nots*, rebelote.

Un matin, j'accompagne Warner, un assistant social de Columbus, dans sa tournée quotidienne.

« Notre plus grand problème, me dit-il, c'est de convaincre les enfants des familles en difficulté de continuer leur scolarité, même quand les parents veulent bien nous aider. Dans certains quartiers, un enfant sur trois finit par n'aller en classe qu'épisodiquement. »

Dans sa vieille Toyota (« même si j'avais les moyens, je n'aurais pas intérêt à rouler dans ce coin avec une bagnole neuve », explique-t-il), nous descendons Neil Avenue, plutôt déserte. Il y a cent ans, ce quartier de grandes villas en briques rouges était très recherché par la bourgeoisie qui se trouvait ainsi à proximité des bureaux et commerces d'un centre-ville, qui a depuis longtemps perdu son dynamisme au profit des banlieues.

Maintenant, ce secteur est le refuge d'une population défavorisée, composée de Noirs et de Blancs. Des voitures-épaves sont garées devant des maisons aux portes et fenêtres délabrées. Des frigos hors d'usage, de vieux pneus, des magazines, et toutes sortes de débris urbains ont poussé dans les petits jardins.

Mais ce qui fait le plus défaut dans ces endroits (comme dans tout le pays d'ailleurs), ce sont les crèches. C'est une véritable pandémie qui rend difficile le travail des mères célibataires.

Nous rendons visite à Bertha, une jeune femme noire d'une trentaine d'années, qui vit seule avec trois enfants à charge. Elle voudrait que la ville lui accorde une aide de 75 dollars pour faire réparer son téléviseur.

« Si le poste ne marche pas, les petits n'acceptent pas de rester tranquilles à la maison quand je suis au boulot », explique-t-elle à Warner qui finit par lui proposer un poste retapé sans qu'elle débourse un dollar. À ces mots, Bertha sourit pour la seule et unique fois de notre visite. Sa vie, on le devine, n'est pas facile.

Paradoxalement, c'est un président de « gauche », Bill Clinton, qui s'est fait le champion d'une réforme très controversée sur l'assistance aux pauvres, la fameuse *welfare-to-work* (de l'assistance vers le travail) : limitation des aides à trois ans suivie de l'obligation pour les allocataires d'accepter un boulot. Une initiative qui satisfait la majorité américaine persuadée que les défavorisés préfèrent vivre sans travailler. Cette réforme a fait baisser le nombre des assistés, et a été l'un des atouts de Clinton lors de sa réélection de 1996.

Depuis, de nombreuses mères célibataires comme Bertha sont confrontées à une situation qu'on appelle *« Home alone »*, référence au titre d'un film à succès des années 90 *(Maman j'ai raté l'avion)*. Pour travailler, il faut s'absenter de la maison, mais quand les mères n'ont ni famille ni les moyens de payer une baby-sitter, qui va s'occuper de leur progéniture ?

Dans ce film hilarant, le jeune McCauley Culkin arrive à déjouer les astuces des méchants cambrioleurs. La réalité est le plus souvent bien différente. Kim Brathwaite, mère célibataire de Brooklyn (New York), a deux enfants d'un et neuf ans. Ayant réussi à être engagée chez McDonald's comme contrôleur adjoint, elle peut engager une baby-sitter. Mais le jour où celle-ci fait faux bond, Brathwaite doit prendre une décision : aller au McDo ou rester chez elle et perdre son emploi. Elle choisit malheureusement la première solution, comptant sur le téléphone pour rester en contact avec ses enfants.

Hélas, pendant son absence, un incendie se déclare dans l'immeuble provoquant la mort de ses deux enfants. Brathwaite, inculpée pour les avoir laissés seuls, risque seize ans de prison.

Son cas n'est pas isolé. Child Trends, un groupe de recherche sur les problèmes familiaux, basé à Washington, estime que tous les jours plus de trois millions d'enfants de moins de 13 ans sont livrés à eux-mêmes, au moins une partie de la journée. La raison ? Les crèches privées, déjà fort rares, sont trop chères pour ceux qui gagnent à peine de quoi payer un loyer et nourrir leur famille.

Heureusement, le public américain est ému par de tels drames et, dans la plupart des cas, les jurés populaires font preuve d'indulgence et libèrent la mère. Mais leur émotion ne va pas jusqu'à réclamer la création d'un réseau de crèches publiques.

En fait, il existe un non-dit qui explique cette situation : venir en aide aux pauvres, les installer dans l'assistanat, les encourager par des crèches et des allocations familiales à faire des bébés, et vous vous retrouvez avec une société de « perdants ». L'Amérique, qui compte sur l'immigration plutôt que sur la natalité pour accroître sa population, regarde d'ailleurs avec étonnement l'obsession démographique des Français.

Ainsi, tout est fait (calculé, diraient certains) pour que riches et pauvres ne se croisent pas. Les pauvres restent le plus souvent invisibles, comme dans les pays en guerre, où l'on cache les blessés pour ne pas démoraliser le citoyen. À Miami par exemple, les employés des banlieues Nord se rendent à leurs bureaux en empruntant l'autoroute I-95, qui survole les quartiers noirs. De leurs voitures, ils n'aperçoivent que les toits du ghetto. (Pour savoir ce qui arrive au conducteur qui se trompe de sortie, lisez *Le Bûcher des vanités* de Tom Wolfe.) Dans certaines banlieues, les prix des maisons permettent de filtrer les indésirables et d'éviter, comme le note l'urbaniste Jackson Lears de l'université de Rutgers, certains accidents de voisinage : « chute de l'immobilier, vandalisme, violence et même conversation inopinée avec quelqu'un de différent ».

Ce gouffre entre communautés explique en partie pourquoi l'Amérique n'a pas peur de ses pauvres : ils ne menacent pas le pays d'une grève générale ou de faire tomber le gouvernement. Partir à l'assaut du Louvre n'est pas à l'ordre du jour, et, à Washington, on ne craint pas « la rue » comme à Paris. Les pauvres sont cantonnés dans de gigantesques ghettos situés à l'écart des quartiers aisés. Pour troubler les banlieues confortables du comté d'Orange, les résidents noirs du quartier Watts de Los Angeles devraient effectuer une quarantaine de kilomètres. La Maison Blanche est encore plus loin.

Nul doute que l'Amérique du XXIe siècle est le paradis des riches. On compte à peine plus de déshérités chez nous (12,1 %) qu'en Europe, par contre les gens fortunés y sont beaucoup plus nombreux. Et ils se détachent de plus en plus du reste du pays.

Au début des années 90, Alain Duhamel pouvait constater qu'en France 1 % des ménages possédaient 28 % du patrimoine national, une situation semblable à la nôtre. Depuis, on a « décollé » outre-Atlantique. Selon David Cay Johnston, auteur d'un livre sur la fiscalité aux États-Unis, en 1999, le revenu des 1 % les plus fortunés égalait – après impôts – celui des 100 millions de leurs concitoyens les moins bien payés. En 1980, un PDG américain gagnait 40 fois le revenu d'un salarié moyen. Depuis 2000, l'écart est monté à 400. Les gros revenus totalisent 210 % du revenu moyen (par rapport à 150 % en France). Nos millionnaires se comptent par millions : ils sont entre 2,1 millions à 3,8 millions, selon deux études. Et il ne s'agit, bien entendu, que des fortunes « liquides », hors immobilier.

Ces dernières années, le gouvernement de George Bush a presque instauré un nouvel âge d'or, comparable à celui qui existait au XIXᵉ siècle, avant l'impôt sur le revenu, quand les grandes familles richissimes se pavanaient dans la station balnéaire de Newport, sur Rhode Island. En loyal défenseur des grosses fortunes, il a persuadé le Congrès de baisser le taux d'imposition de 5 % pour les plus riches et d'éliminer progressivement les droits de succession.

Cette préférence accordée aux élites n'a pas, jusqu'ici, fait scandale car si la présence des défavorisés dérange l'Américain moyen, il reste un fervent admirateur des individus qui ont plus d'argent que lui – au point d'accepter de les voir s'enrichir encore davantage.

Pour comprendre ce sentiment, il est utile de rappeler que la véritable religion du Nouveau Monde est le culte de l'individualisme. À chacun de se débrouiller comme les protagonistes du romancier de la fin du XIXᵉ siècle Horatio Alger, tous nés dans la misère mais parvenus au sommet par leur génie et leur travail. Et qu'importe si dans d'autres cas, il s'agit de fortunes héritées, la richesse, ça se respecte.

Cette théorie a sa grande prêtresse, Ayn Rand, née en Russie, émigrée aux États-Unis en 1926, où elle a d'abord travaillé à Hollywood comme scripte et scénariste. Empruntant ses idées à Nietzsche et Aristote, elle formulait dans une demi-douzaine de romans et autres œuvres son principe d'« objectivisme ». « Ma philosophie, explique-t-elle dans l'appendice du best-seller, *Atlas Shrugged*, est l'idée de l'homme comme être héroïque, la recherche morale de sa vie étant son propre bonheur, la réalisation productive son activité la plus noble. » À l'en croire, le banquier et l'homme d'affaires conféreraient autant de noblesse à l'humanité que le poète et le peintre.

De Rand à la politique sociale minimaliste de Washington, il n'y a qu'un pas. Aux États-Unis, les pauvres n'ont qu'à prendre leur destin en mains pour s'assumer.

La tradition philanthropique reste, bien sûr, très forte chez nos Crésus, et « nos pauvres » en profitent en partie. On peut même parler d'une certaine concurrence au hit-parade des plus généreux donateurs. Bill Gates (Microsoft) figure actuellement en tête, avec 25 milliards de dollars, et Joan Kroc, la veuve du fondateur de McDonald's, vient de léguer 1,5 milliard de dollars à l'Armée du Salut. Mais tous les dons ne vont pas aux plus démunis, loin de là.

D'où cette idée très américaine qu'il faut motiver non pas les *losers* mais les gagnants. Une idée mise en pratique par un homme d'affaires de Chicago, John MacArthur, qui fonda en 1978 des bourses destinées aux « génies ». Chaque année, entre 20 et 40 Américains, toutes disciplines confondues, reçoivent – sans en faire la demande et sans conditions – un prix de 500 000 dollars. En 2002, Deborah Jin, 35 ans, une spécialiste des supraconducteurs du Colorado, figurait parmi les lauréats. Ce prix allait lui permettre de payer une assistante administrative et de mettre son enfant à la crèche.

La brillante scientifique du Colorado peut ainsi faire garder son bébé, mais pas la maman noire de Columbus. Avant de quitter son appartement avec l'assistant social, cette femme me demande dans quel quartier j'habite.

« En fait, j'habite en France.

– En France ? demande-t-elle, et d'ajouter : Promettez-moi de dire aux Français que nous avons besoin de crèches ici, qu'on a besoin d'un peu d'aide. »

Promesse tenue.

Travail : *OK boss*

Si l'école publique de Jules Ferry sert (en principe) d'ascenseur social à la République française, outre-Atlantique, c'est le travail qui remplit ce rôle.

Rater ses études, cela arrive, mais en bossant plus dur que les autres, en acceptant les heures sup (non payées), en faisant preuve d'initiative (ou en épousant la fille du patron), vous pourrez toujours emprunter la route du rêve américain.

C'est le bon côté du travail en Amérique. Un problème pourtant : le patron. Il est roi. Chez nous, il n'existe ni CDI, ni CDD, ni CDD longue durée, ni d'ailleurs aucun contrat de travail, sauf pour les vedettes de Hollywood. Nous ne connaissons qu'une sorte de licenciement : sec.

Vous pensez que j'exagère, histoire de vous faire peur ? Pas du tout. Aucune loi de Washington n'oblige un employeur à verser des indemnités, à donner un préavis, à proposer une assurance maladie, à accorder des vacances ou une retraite complémentaire à ses salariés. Seule la semaine de 40 heures est imposée par la loi – en principe.

Dans la pratique, la plupart des patrons s'efforcent d'offrir quelques avantages – avec une générosité variable selon l'entreprise – afin de s'assurer une force de travail stable. Parmi les plus courants, deux semaines de vacances par an et, en cas de licenciement, deux semaines d'indemnités par année d'ancienneté. Mais en contrepartie, peu de retenues sur salaire ni part employeur. De quoi faire rêver le Medef.

Pour expliquer ce rêve patronal devenu réalité, il faut remonter au XIXᵉ siècle. Si les salariés sont aujourd'hui embauchés sans contrat, c'est parce que la jurisprudence du *at will* (à volonté) est inscrite dans la loi et reste profondément ancrée dans les esprits. Il y a plus d'un siècle, la justice avait réagi à la libération des esclaves en « libérant » aussi les patrons (ou propriétaires d'esclaves). On ne pouvait plus retenir un ouvrier contre son gré, mais les employeurs avaient aussi le droit de « décamper » à volonté. Un principe qui, selon ses défenseurs, a insufflé à l'économie américaine son dynamisme et sa flexibilité, même s'il paraît bien cruel aux yeux des Français.

Les Américains donnent ainsi raison à Karl Marx qui explique que, dans une société capitaliste, la lutte est permanente entre employeurs et employés. En France, un patron est sévèrement puni quand il se trompe dans ses prévisions et se trouve contraint de licencier : chez vous les plans sociaux coûtent cher. Aux USA, le même gestionnaire agit presque sans entraves et peut embaucher, à son gré, intérimaires ou personnes à temps partiel. La conjoncture lui paraît mauvaise ? Il licencie sans problème et réduit ou supprime les avantages accordés à ses salariés (dans la limite d'un accord syndical, s'il en existe). Des économistes libéraux vous diront que cette marge de manœuvre permet aux patrons de limiter le taux de chômage à moins de 6 %. Mais à quel prix.

Perdez votre boulot et vos allocations chômage (en moyenne, moins d'un tiers du dernier salaire) dureront six mois maximum, dans la plupart des cas. Il faut préciser que chez nous, chercher un job n'est pas considéré comme un travail en soi. Il faut, là encore, trouver l'explication du côté de nos ancêtres les colons. Les premiers Anglais arrivés en Virginie étaient des gentlemen reconvertis en chercheurs d'or. Pour encourager ces oisifs à travailler, leur chef, John Smith, décréta : « Celui qui ne travaille pas, il ne mangera point », un mot d'ordre qui résonne encore à nos oreilles.

Et pourtant, bosser ne garantit pas toujours le minimum vital. Environ 10 % des travailleurs appartiennent à la catégorie des *working poor* (actifs pauvres), qui ne gagnent pas assez d'argent pour subvenir aux besoins de leur famille. Les services sociaux interviennent, mais personne ne demanderait à un employeur de faire un petit effort, en modifiant les horaires de travail ou en augmentant un salaire. « Cette idée ne vient jamais à l'esprit des services sociaux car ce serait sans espoir. Tout le monde accepte le fait que ce soit le marché qui détermine la paie et les heures de travail, et il n'y a pas d'appel possible », constate David Shipler, auteur d'un livre consacré à ce phénomène qui inquiète beaucoup – et pour cause – un certain nombre d'Américains.

Ici un patron, ça se respecte. Un respect qui n'a d'égal que celui d'un Français vis-à-vis de l'État. On se plaint, on rouspète, mais en fin de compte, pas question de faire autrement. De temps en temps, cette loyauté en prend un coup quand on apprend le comportement de certains dirigeants d'entreprise. C'est ainsi que, en 2004, on a découvert que la nuit, dans plusieurs hypers situés dans des quartiers sensibles, Wal-Mart (le numéro un de la distribution) bouclait ses employés pour éviter les vols (venant du personnel) ou les cambriolages. Et s'ils venaient à utiliser la sortie de secours, c'était le licenciement assuré. Les salariés blessés ou pris de malaise devaient attendre le bon vouloir du superviseur qui arrivait avec la clé, sauf s'il préférait continuer à dormir.

Ces abus mis à part, le régime de travaux forcés, style île du Diable, n'est pas vraiment remis en cause, même si parfois quelques interrogations traduisent un certain ras-le-bol. « L'Amérique devrait-elle imiter la France, où la population vit mieux, avec plus de vacances ? » interroge ainsi Gordon T. Anderson, chroniqueur financier de la chaîne CNN.

Chaque année, le 24 octobre, John De Graaf, un écrivain de Seattle, organise une journée nationale sur le thème *« Take Back Your Time »* (Regagnez du temps). Moins de travail, plus de loisirs, tout un programme d'esprit très gaulois. Pourquoi cette date ? Parce que l'Américain moyen doit encore bosser 350 heures avant la fin de l'année (en gros, l'équivalent du temps travaillé en plus par les Américains, chaque année, comparé aux Européens). Alors John De Graaf, qui considère que ses compatriotes sont victimes d'une « épidémie d'overdose de travail qui menace leur santé, leur famille, leur communauté », a lancé sa journée d'action. Étant donné l'influence du *Big Business* (patronat), il a une chance sur un million d'être suivi.

Dans la première moitié du XXe siècle, l'Amérique a parfois connu de violentes confrontations entre ouvriers et patrons. Et une certaine gauche anticapitaliste a incité de nombreux chefs d'entreprise à manifester plus de respect à l'égard de leurs employés. Dans *La Mort d'un commis voya-*

geur, la célèbre pièce engagée d'Arthur Miller, le pauvre Willie Loman lance au patron qui est en train de le virer : « On n'a pas le droit de manger l'orange et de jeter la peau. » Mais les opinions politiques d'un Miller ou de son grand prédécesseur, le dramaturge Clifford Odets, n'ont jamais vraiment pris aux États-Unis. La majorité des Américains acceptent l'idée de travailler sans véritable code du travail (à la française) croyant que cela enrichit le plus grand nombre.

Dans un tel contexte, mieux vaut donc être le patron. Mais comment y parvenir ? En faisant plaisir au boss dont on vise la place, bien sûr. Nous sommes donc une nation de lèche-bottes qui pratiquent ce que l'on appelle le *can do* (c'est faisable). Vous l'aviez peut-être déjà remarqué, le mot « impossible » n'est pas américain. Envoyer un homme sur Mars ? *Can do*, chef. Faire de l'Irak une démocratie proaméricaine ? *Can do*, boss. Pareil dans le secteur privé.

Celui qui ne se plie pas au *can do* avec enthousiasme… eh bien, c'est un sale petit égoïste, et pire, ce n'est pas un *team player*. Cet horrible individu ne pense qu'à ses propres intérêts et non à ceux de l'équipe. Il est souvent viré, car chez nous l'entreprise s'apparente à un lieu de culte où les non-croyants n'ont pas leur place.

Beaucoup d'Américains se définissent d'abord par rapport à leur travail. À New York, un jour où la ville était bloquée par une grosse tempête de neige, le maire a demandé à tous ceux dont la présence n'était pas « absolument indispensable » de rester à la maison. C'était oublier ce fameux *Protestant work ethic.* Tous les employés, même les plus modestes, ont pointé ce jour-là, préférant ne pas être considérés comme quantité négligeable.

On entend souvent un Américain dire « Je n'ai pas pris de vacances depuis deux ans », avec l'air d'un Jésus qui souffre sur sa croix pour racheter les péchés de l'humanité. C'est le syndrome du *workaholic* (bourreau de travail). Selon un sondage de l'agence de voyage Expedia.com, 20 % des Américains, à force de s'identifier aux valeurs protestantes du travail qui diabolise le *farniente*, se sentent « coupables » lorsqu'ils partent en vacances. Un pays comme la France, avec ses six semaines annuelles de congé, voire plus, est jugé parfaitement *immoral.* Un chef de service est même parfois amené à menacer les salariés d'effacer leurs jours de vacances pour les obliger à les prendre.

Quand j'étais à *Newsweek*, je n'ai pas pris de vacances pendant six ans et je n'étais pas le seul. Par ambition ou par éthique protestante, nous étions nombreux à manifester notre « dévouement » à l'égard de l'entreprise. Ceci, jusqu'au jour où l'hebdomadaire nous y a obligés, car trop de salariés quittaient le journal et réclamaient – quand même ! – le remboursement des congés qu'ils n'avaient pas pris.

Autre sujet de discorde, les absences. La plupart des entreprises accordent quelques jours de
repos en cas de maladie, mais, jugeant leurs vacances insuffisantes, bon nombre d'employés
ont pris l'habitude de prolonger leur week-end
en tombant « malade » le lundi. Et, comme ils ne
peuvent être trop souvent malades, quand ils le
sont vraiment, ils se rendent au boulot avec les
yeux rouges, le front brûlant et le nez qui coule
sans se soucier de contaminer leurs collègues.
Le lieu de travail chez nous, cela peut nuire gravement à la santé.

Plus facile outre-Atlantique, le licenciement
est aussi moins redouté, en partie parce que les
Américains, actifs ou chômeurs, se conduisent
presque tous comme s'ils étaient en permanence
à l'ANPE. Ils sont constamment à la recherche
d'un nouveau boulot, afin d'améliorer leurs
conditions de travail ou leur salaire, de trouver
de meilleures perspectives d'avancement ou simplement pour dire bye bye à un petit chef pas
sympa. Avoir entre cinq et sept employeurs différents au cours d'une vie, c'est la norme. Nul ne
vous traitera d'aventurier ou d'instable. Le temps
moyen entre deux boulots n'est aussi que de
22 semaines. L'Américain est donc moins stressé
qu'un Français à l'idée d'être licencié. Il change
d'emploi comme de chemise, sans état d'âme.

On raconte l'histoire d'un jeune cadre de chez
Procter & Gamble qui était à la recherche d'une

situation plus avantageuse. Un jour, il tombe sur une annonce d'un chasseur de têtes qui correspond exactement au poste souhaité. Il demande des précisions et découvre qu'il s'agit en fait de son propre job ! Son patron aussi avait ouvert la chasse.

Autre différence avec l'Hexagone, chez nous les placards sont vides ou presque. Peu d'entreprises peuvent en effet se permettre de continuer à salarier des travailleurs qu'ils considèrent « non rentables ». C'est peut-être pour cela qu'en dix ans le taux de productivité américain a, selon un rapport de la Banque de France, augmenté, comparé à celui de l'Allemagne et de la France.

Après le travail, la retraite, et, si dans la vieille Europe la retraite par répartition va mal, en partie pour des raisons démographiques, outre-Atlantique, nous avons trouvé la solution : la pénurie par répartition.

Notre retraite par répartition, la *Social Security* (rien à voir avec votre Sécu), prévient d'emblée ses futurs bénéficiaires, un peu à la manière des avertissements portés sur les paquets de cigarettes : « Parce que nous vivons plus longtemps, nous pouvons compter sur plus d'années à la retraite que nos parents et nos grands-parents. La plupart des conseillers financiers pensent que l'on doit préparer l'avenir avec une combinaison de *Social Security*, de pensions du secteur privé et d'économies personnelles. » Autrement dit, ne comptez pas sur l'aide du gouvernement pour vieillir confortablement.

Les pauvres diables qui n'ont pas fait suffisamment attention à cet avertissement, ou qui ont subi des revers financiers, se retrouvent à 66 ans (l'âge de la retraite chez nous) avec pour unique pension la maigre *Social Security*. On dit aimablement d'eux qu'ils ont un *fixed income* (revenu fixe), c'est-à-dire des cacahuètes.

C'est pourquoi de quatre à cinq millions d'Américains continuent à travailler bien après 60 ans et comme le travail est un droit, leur patron ne peut pas légalement les obliger à partir à un âge déterminé. Par ailleurs, certains embauchent volontiers « des vieux », souvent plus motivés et disciplinés que les jeunes, sans parler du fait qu'on peut les payer moins puisqu'ils ont déjà une retraite (qui n'est pas minorée par un salaire, comme en France).

Les Français sont choqués de voir nos anciens travailler, puisque dans l'Hexagone seuls les hommes politiques restent actifs après 55 ans. Un documentaire de France 5 montrait des seniors US, Joe, 75 ans, et Gene, 73, à l'usine, debout devant les machines cinq jours par semaine, avec seulement 13 jours de vacances par an (plus que la moyenne, mais cela France 5 ne le précise pas). « Un aspect édifiant du rêve américain », écrit Gaëlle Desportes dans *Le Nouvel Observateur*.

Il est vrai que venant d'une Europe-providence, on trouve bizarre de voir des personnes âgées au boulot, tout comme le voyageur qui arrive dans un pays d'Europe de l'Est est choqué d'apercevoir sur les chantiers des femmes munies de pioches et de pelles.

Tel est le cas de Priscilla, avec qui je bavardais de temps en temps dans un McDo de Columbus, situé à l'angle de Sinclair Road et de la Route 161. Vêtue d'un uniforme, pantalon et chemisette rouge et jaune assortis d'un casque à visière, elle s'occupe de débarrasser les tables. Je lui donne environ 75 ans.

« Qui n'a pas besoin d'un revenu supplémentaire ? avoue-t-elle. Mais ce n'est pas trop dur ici, je ne bosse que quatre heures par jour. Quand je rentre chez moi, je fais tout de suite une petite sieste. »

Lors de notre première conversation, je n'ose pas trop lui demander le montant de sa retraite, et je crains aussi que le directeur de l'établissement trouve qu'elle bavarde au lieu de travailler. Quoique, question relations publiques, Priscilla vaut son pesant d'or : elle lance un chaleureux *« Hi »* à tous les clients.

À ma seconde visite, je lui pose la question, pensant à ma propre retraite.

« Depuis la disparition de mon mari, répond-elle sans la moindre gêne, je touche presque 980 dollars par mois. Cela me rassure de gagner un peu plus avec ce job. » Une somme supérieure aux minima sociaux en France (qui n'existent pas chez nous), mais ce n'est tout de même pas beaucoup.

J'apprends par la suite que, si elle s'est mise à travailler, ce n'est pas tant à cause du décès de son mari, mais parce que, trois ans auparavant, ses deux meilleures amies sont mortes le même mois, des disparitions qui l'ont isolée socialement et l'affectent encore aujourd'hui. Venir au McDo cinq jours par semaine dans son énorme Oldsmobile (dix ans d'âge) l'aide à rompre la monotonie de sa vie solitaire.

Alors, à votre avis, cette vieille dame est-elle une victime de la société américaine ou bien profite-t-elle au contraire d'une plus grande liberté de travail qu'en France ?

Efficaces, les Américains ?
Permettez-moi de sourire

Les Français sont convaincus que les Américains sont un peuple super efficace : si le Nouveau Monde manque de culture, de raffinement culinaire, d'élégance, ce serait parce que, obsédé par le rendement et la productivité, il s'est abandonné corps et âme au taylorisme. Et nous marcherions tous au pas sous la bannière de l'efficacité.

Permettez-moi de sourire. Nous sommes aussi inefficaces que quiconque. Rappelez-vous : le désastre nucléaire de Three Mile Island, les trois missions spatiales catastrophiques, les pannes d'électricité en série dues à un réseau digne des années 30. Regardez nos rues trouées comme du gruyère, les bulletins de vote incompréhensibles, les médecins incompétents — incapables de sauver le regretté Patrick Bourrat — et cette armée spécialisée dans le *friendly fire* (tirs amis).

Pourquoi avons-nous bombardé l'ambassade chinoise à Belgrade, ou sectionné, grâce à un de nos avions de chasse, le câble d'un téléphérique, tuant 10 Italiens, ou pris pour cible 15 enfants pendant leur (dernière) récré en Afghanistan ? Est-ce pour dominer le monde ou par simple maladresse ?

Au moins, me direz-vous, vous ne connaissez pas comme nous les pesanteurs d'une bureau-cratie omniprésente. Et vous imaginez que les démarches administratives sont plus faciles ici ? Eh bien, téléphonez donc à une administration ou à une société américaine et armez-vous de patience : vous pénétrez dans un labyrinthe kaf-kaïen de répondeurs automatiques. Efficacité oblige, on a partout supprimé les standardistes. Merci, monsieur Taylor.

Avons-nous moins de paperasserie qu'en France ? Pas si sûr. Moins d'aides de l'État, cer-tainement, mais moins de papiers à remplir, ce n'est pas évident. Une déclaration d'impôts pour notre fisc, l'Internal Revenue Service, va chercher dans les 20 pages. Difficile pour le pauvre admi-nistré qui doit aussi calculer lui-même la somme à payer, comme si on obligeait un condamné à mort à affûter la lame qui lui tranchera la tête. Il doit se livrer à des exercices du genre « Diviser la ligne 34b par le quotient familial corrigé du résultat obtenu au paragraphe 12 alinéa B… »

Une autre preuve de notre fameuse « effica-cité » ? À l'ère de la mondialisation, les poids et mesures américains restent résolument moyenâgeux. Un homme « grand » fait six pieds (1,83 m) et une femme « petite » cinq pieds (1,52 m). L'essence mais aussi le lait pour les familles nombreuses s'achètent en *gallons* (3,79 litres), rien à voir avec le gallon britannique. Les glaces se vendent en *quarts* ou en *pints*. Au garage, le mécano a intérêt à posséder deux trousses d'outils distinctes : l'une, pour réparer les voitures américaines, l'autre destinée aux marques étrangères. Mais il existe deux *pounds* (livres), celui du système Troy (pour la ville de Troyes) et l'avoirdupois. Pour le premier, préféré par les bijoutiers et banquiers, il faut compter 12 onces par livre, mais pour l'autre, c'est 16. Vous n'y comprenez rien ? La plupart d'entre nous, non plus.

L'Amérique serait-elle réfractaire au mètre ? Pas du tout ! En 1866, le gouvernement de Washington, soucieux de moderniser le pays, a promulgué une loi qui permet à chaque État d'adopter le système métrique européen. Presque 150 ans plus tard, nous attendons toujours le premier État qui osera se jeter à l'eau. Quant au pouvoir fédéral, il ne légifère pas, ne voulant pas perturber le consommateur : c'est donc aux fournisseurs étrangers de s'adapter au marché américain.

Si aujourd'hui encore on juge la puissance économique d'un pays à la bonne santé de son industrie automobile, nous sommes mal partis car elle n'est guère brillante. Pour construire un véhicule, chez Chrysler, il faut 28 heures travaillées, 26 chez Ford et 24 chez General Motors. Dans les usines japonaises installées aux USA, il suffit de 22 heures chez Toyota et Honda, et de 17 seulement chez Nissan, qui appartient à Renault. Quant à notre sidérurgie, elle n'existe presque plus, décimée par la concurrence coréenne.

Et je ne vous parle pas de la qualité de nos véhicules, même ceux fabriqués dans notre capitale de l'automobile, Detroit. Je me pose d'ailleurs la question : quand ai-je vu pour la dernière fois une auto américaine dans les rues de Paris, excepté à Neuilly-sur-Seine ? Selon la revue *Car and Driver*, deux modèles domestiques seulement, la Chevrolet Corvette et la Ford Focus, méritent de figurer au palmarès annuel des dix meilleures voitures en vente chez nous. À propos de fiabilité, j'oserai une deuxième question : quel est le seul pays au monde où une voiture américaine roule au-delà de la période de garantie ? Cuba, bien sûr.

Sur le plan diplomatique, nous sommes aussi capables des pires maladresses par manque de préparation. Lorsque le président Jimmy Carter, en visite officielle en Pologne, prononce un discours dans la langue du pays — une sympathique idée au demeurant —, il proclame sa volonté de « connaître » le peuple polonais… au sens biblique. L'auteur du texte, un Américain d'origine polonaise, devait être le résultat d'un *bug* scolaire.

Mais il y a des stéréotypes qui ont la vie dure. Il n'est pas d'agitation ici ou là, de putsch en Amérique latine, sans que le Français moyen ne se dise : « encore un coup de la CIA… »

Pourtant cette fameuse CIA n'a jamais réussi à détrôner Fidel Castro, qui règne en maître incontesté depuis presque 50 ans à 200 kilomètres de nos côtes. Souvenez-vous de la tentative de nos maîtres-espions de Langley (Virginie), qui se noya dans le ridicule dans la baie des Cochons. Plus grotesque encore le complot des cigares piégés destinés à éliminer le dictateur cubain. Et je passerai rapidement sur les renseignements fournis par la CIA en matière d'armes de destruction massive en Irak…

Efficaces ? Vous avez dit efficaces, les Américains ?

Non, l'américain,
ce n'est pas de l'anglais

Si nos deux pays rencontrent des problèmes de communication, c'est parce que les Français ne parlent pas assez bien l'anglais – les Américains non plus.

Comme tous les Yankees, j'ai été choqué lors de mon premier séjour en France d'entendre parler « l'américain » comme s'il s'agissait d'une langue différente de l'anglais. Car chez nous tout le monde est convaincu de parler l'*English*, la langue de Shakespeare, de Dickens et de Jean-Marie Messier.

Au bout de quelques années, j'ai fini par comprendre que ces petits futés de Français n'ont pas tout à fait tort, l'américain, ce n'est pas du tout de l'anglais et surtout pas à New York, la Mecque culturelle de notre pays, qui est aussi un lieu où l'on parle un dialecte impossible. Une preuve de plus, s'il en fallait, que cette ville ne fait pas vraiment partie des États-Unis.

En théorie, le grand avantage de l'américain,

c'est qu'il est parlé exclusivement par des gens qui se trouvent de l'autre côté d'un océan. Et pourtant, s'il veut échapper à l'invasion de notre langue, un Français n'a que deux solutions : s'enfermer dans un sous-marin ou se réfugier au fin fond du Larzac où les ondes hertziennes passent mal.

Mais, grâce à Hollywood et à la mondialisation, tous les autres Français, qu'ils soient cybernautes, touristes, étudiants ou hommes d'affaires, sont confrontés à notre idiome. Sans parler de ces quelques excentriques qui fréquentent les Américains *de leur plein gré*. Si, si, il y en a.

J'ai rendez-vous avec Cheryl, une journaliste new-yorkaise avec laquelle j'avais toujours entretenu des relations hélas purement amicales. Elle m'attend devant un drugstore de la Cinquième Avenue. On ne s'est pas vus depuis presque cinq ans et nous nous embrassons chaleureusement, mais avec une libido atténuée de mon côté à cause de la quinzaine de kilos qu'elle s'est autorisée dans l'intervalle. Désormais, elle a tout de la belle Américaine, sauf la beauté.

« Ted ! s'écrie-t-elle.

– Cheryl !

– Ted !

– Cheryl ! »

Un dialogue typiquement américain si vous voyez ce que je veux dire. L'émotion des retrouvailles surmontée, Cheryl me pose une question.

« *Dhjeetyet ?* » demande-t-elle, avec cet accent new-yorkais métallique aussi agréable à l'oreille que le grincement des roues d'acier d'une rame du *subway* dans une courbe.

Dhjeetyet ? Je ne comprends pas du tout ce qu'elle me dit. Est-ce de l'anglais ? Me rappelant que Cheryl n'a jamais eu de talent pour les langues étrangères, j'en conclus que c'est bien dans notre langue maternelle à tous les deux qu'elle s'exprime et non pas dans un idiome dravidien. À New York, comme je vous le disais, on parle américain comme on prépare des hamburgers dans le Périgord – mal.

Je lui réponds avec l'éloquence de tout Américain de l'Ohio ayant fait de longues études littéraires suivies de longues années dans la presse écrite, le tout couronné par une tardive carrière d'auteur.

« *Huh ?* » (Comment ?)

« *Dhjeetyet ?* » répète-t-elle, encore souriante. Serait-elle devenue membre d'une secte dont le mot de passe est tiré d'un manuel de spiritisme hindou ?

« *Huh ?* » j'insiste.

Peut-être s'agit-il d'une herbe exotique qui s'est égarée sur mon costume et que la brave Cheryl cherche à me signaler. La veille, il est vrai, j'ai dîné dans un restaurant indien.

« *DHJEETYET ?* » crie-t-elle, si fort que quelques passants nous dévisagent en posant probablement le doigt sur leur bombe lacrymogène perso. Pas de doute, Cheryl pense que je suis devenu sourd avec les années.

« *Huh ?* » je répète en gardant mon calme.

« *D-h-j-e-e-t ? D-h-j-e-e-t ?* » Tout sourire a maintenant disparu de son ex-beau visage déformé par la colère. Elle a l'air de vouloir m'étrangler. Je me souviens soudain que Cheryl a toujours été un monstre de stress les jours de bouclage.

« *HUH ?* » Pas question de céder à cette foldingue. Il faut dire qu'il m'est arrivé de croiser des révolutionnaires péruviens qui parlaient mieux l'anglais que cette journaliste de Manhattan.

On finit quand même par s'expliquer, entre compatriotes. Cheryl voulait simplement me demander si j'avais déjà déjeuné : « *Did you eat yet ?* » (As-tu déjà mangé ?)

Ainsi, ce rendez-vous fut un ratage, faute de langue commune. Aucun regret. En bon Américain, je ne pourrais pas longtemps supporter un accent new-yorkais. J'ai immédiatement rayé son nom de mon carnet.

En France l'accent « standard », le vrai, le bon, le pur, se trouve, dit-on, dans la région de Tours. C'est avec une certaine fierté, je l'avoue, que je vous livre cette information : c'est chez moi, dans l'Ohio (un peu aussi dans la Pennsylvanie voisine), qu'on prononce le mieux la langue américaine. Véridique.

Il faut pourtant reconnaître que l'accent américain le plus parfait est nettement moins esthétique que son géniteur, l'accent britannique. Cela explique le prestige des acteurs anglais dans notre cinéma, et pourquoi les productions de la BBC trouvent chez nous un public raffiné, toujours friand de ces classiques revisités par des acteurs tels Helena Bonham-Carter, Emma Thompson et Kenneth Branagh.

Dans les jeunes années de Hollywood, d'ailleurs, un grand acteur américain se devait d'imiter les Anglais, comme Ronald Coleman ou Erroll Flynn le firent. Jusqu'au jour où Marlon Brando a osé s'exprimer avec un accent authentiquement populaire dans deux films devenus cultes : *Un tramway nommé Désir* et *Sur les quais*. Heureuse initiative. Entendre Tom Cruise ou Brad Pitt parler comme un lord de Sa Majesté ferait aujourd'hui un drôle d'effet.

Le principal avantage de la langue américaine moderne, c'est son extrême simplicité, à l'inverse de cet anglais vieillot à la grammaire diabolique que l'Éducation nationale persiste à enseigner aux écoliers français – un anglais qui permet à vos bacheliers de converser avec la reine Victoria, défunte depuis 1901, mais sans doute pas avec Sharon Stone ou Bill Gates.

Qui pourrait le croire en dehors de votre cher Hexagone ? L'Amérique est une super-puissance mondiale avec une culture de masse largement dominante, mais les Français préfèrent apprendre un anglais désuet importé d'Angleterre, cette île complètement *has-been* à la solde de Washington. Quel camouflet pour nous ! Allez vous étonner ensuite de la dégradation des relations franco-américaines.

Mais revenons à notre belle langue. Sa simplicité réside dans l'usage d'un vocabulaire quotidien limité. Un ado de chez nous, par exemple, n'a pas utilisé plus de 150 mots à la fin de sa journée, dont un petit nombre seulement figure dans le dico. Les adultes ne font guère mieux, et il peut même arriver au locataire de la Maison Blanche de prononcer un discours officiel ponctué de mots d'argot.

« Nous, les Américains, sommes une anomalie, car on ne fait presque plus de distinction entre le langage parlé et une langue plus formelle, celle de l'écrit et des discours », constate John McWhorter, linguiste à l'université de Californie. Selon cet expert, les Américains parlent maintenant comme ils s'habillent, le confort avant l'élégance. Et puis, il n'existe pas d'équivalent de l'Académie française pour surveiller nos bonnes manières linguistiques. Une absence que nous ne regretterons pas car un Français peut ainsi baragouiner notre langue, avec la facilité d'un George Bush (l'accent texan en moins, il est vrai), ce qui n'est pas une référence.

Tout d'abord, il faut comprendre que pour

bien parler l'américain, nul besoin de s'essayer à faire des grandes phrases du style langue de bois d'un major de l'ENA. Cela prend du temps, et le temps, c'est de l'argent. Chez nous, on ne supporte pas de voir un homme politique utiliser cinq cents mots pour exprimer une idée qui en vaut cinquante. En France, essayez de prononcer un discours allégé et vous ne verrez jamais l'intérieur du Palais-Bourbon.

Quand on ne comprend pas un Américain, il suffit de dire *« Huh ? »* (l'équivalent de votre « hein ? » — totalement interdit chez vous aux plus de 5 ans) exactement comme dans ma conversation avec la pénible Cheryl.

Ensuite, aux États-Unis, l'art de la conversation ne consiste pas à transmettre des informations comme en France (à quoi servent sinon les e-mails ?), mais simplement à démontrer sa sympathie tout en prenant soin de respecter le politiquement correct.

Quelques trucs pour bien comprendre l'esprit d'une petite causette *made in USA*. Premier conseil : parsemez vos phrases d'expressions toutes faites qui ne veulent rien dire et n'engagent à rien. Votre interlocuteur vient de vous raconter son week-end, vous répondez : *« I know what you mean. »* (Je vois ce que vous voulez dire.) Ou bien, si vous vous trouvez dans un quartier noir, il faut préférer un : *« I know where you're coming from. »* Simple, non ?

Deuxième leçon : saupoudrer votre échange de *like*. Ce mot signifie normalement « comme » mais perd son sens dans une conversation américaine. Un peu l'équivalent de votre *quoi* à la fin d'une phrase. C'est juste pour que deux interlocuteurs se reconnaissent en tant que colinguistes, comme les signaux sonores émis par les modems de deux ordinateurs. Là encore pas de difficultés.

Essayons. Au lieu de répondre tout bonnement *yes* à une question, vous répondez : *« Like, yes. »* Tenez-vous prêt à identifier ce mot qui est partout, surtout si vous voyagez en Californie où l'on parle anglais comme on fait de la dentelle à l'ancienne chez Alcatel. Pour s'enquérir de votre nationalité, un Californien dira le plus naturellement du monde : *« Are you, like, French ? »* (Vous êtes français ?) La bonne réponse est bien sûr : *« Like, yes, I'm French. »* (Je suis français.)

Jusqu'ici, rien de bien compliqué. Progressons un peu car la langue américaine a, elle aussi, ses finesses. Ainsi, un visiteur français, qui vote normalement pour la gauche (ou pour la droite quand Jean-Marie Le Pen arrive au deuxième tour), peut montrer ses sympathies politiques en ajoutant un mot, un seul, à la fin de chaque phrase, un petit *« man »*, là encore sans aucune signification précise.

Par contre, le jeune diplômé d'HEC qui compte grimper rapidement les échelons du privé en léchant quelques bottes devra ponctuer ses phrases du mot « *Sir* ». Tout le monde comprendra.

Alors pour certains, ce sera « *Like, yes, I'm French, man* » et pour d'autres, « *Like, yes, I'm French, sir* ». Pas vraiment difficile, et pourtant ce n'est certainement pas le genre de chose que vous avez appris en terminale.

Vous êtes maintenant prêt à partir pour l'Amérique, sûr d'être capable de parler avec les indigènes, à condition que votre vol ne soit pas annulé par une demande du FBI, qui trouve un peu louche la présence de trois « Dupont » sur la liste des passagers.

Je voudrais en conclusion vous expliquer pourquoi le Quai d'Orsay pourrait tirer profit de mes modestes conseils linguistiques. Tous ces énarques qui, certes, parlent l'anglais mais ne savent pas manier la langue américaine, font du tort à la diplomatie française. Dans les grandes instances internationales, en effet, nos pauvres élus de Washington ne les comprennent souvent pas très bien.

Quand un haut fonctionnaire du Quai d'Orsay a fait un beau discours à l'ONU pour condamner l'action militaire en Irak, la délégation US est restée pantoise. Si seulement votre diplomate avait dit « *Like, don't invade Iraq, man* », le cours de l'Histoire aurait peut-être été changé.

Une éducation à la carte (de crédit)

Nous sommes à Worthington, petite banlieue paisible et bourgeoise de Columbus, très fière de ses maisons en bois et briques du XIXᵉ siècle, classées monuments historiques. Ce soir, le conseil de l'éducation se réunit en séance publique devant une poignée d'électeurs. Ambiance de crise.

Les 9 700 élèves de cette municipalité résidentielle sont dirigés par un conseil dont les cinq membres (souvent des anciens ou des parents d'élèves) sont élus pour quatre ans. En Amérique, on compte quinze mille conseils de ce type. Les bureaucrates de Washington, où il n'existe pas de véritable ministère de l'Éducation, n'ont pas leur mot à dire. Rien à voir avec le « mammouth » français.

Aujourd'hui, les caisses sont vides et le conseil va devoir licencier des enseignants. À moins de demander par référendum une augmentation des impôts locaux, et là, tout le monde n'est pas d'accord.

« Vous nous saignez à mort avec vos taxes toujours en hausse », lance du fond de la salle une petite femme trapue qui porte un chapeau à fleurs. Vu son âge, une soixantaine d'années, elle n'a probablement pas (ou plus) d'enfants scolarisés, comme d'ailleurs 70 % des ménages de la ville. Ces gens-là, ainsi que certaines familles catholiques dont les rejetons sont dans le privé, se montrent naturellement hostiles à ces augmentations. C'est le jeu de la démocratie directe, un peu sur le mode suisse.

« On comprend très bien votre point de vue », répond Robert Horton, le président du conseil, dont la tâche n'est pas facile.

La décentralisation de l'Éducation nationale, aujourd'hui à l'ordre du jour en France, existe aux États-Unis depuis deux cents ans, avec des résultats mitigés.

À Worthington, les 80 millions d'euros annuels du budget éducation reposent essentiellement sur les impôts locaux, qui sont de l'ordre de 4 000 euros pour une maison de taille moyenne. Dans le pays le plus décentralisé du monde, le gouvernement fédéral « participe pour moins de 1 % à notre budget annuel d'éducation », confie le président Horton, un grand gaillard chauve. Voilà pourquoi l'impôt sur le revenu est relativement modeste aux États-Unis, pays où par ailleurs la TVA est inconnue.

Les jeunes scolarisés de Worthington peuvent

néanmoins se considérer privilégiés. Le budget par élève est en effet de quelque 8 400 euros, presque l'équivalent de ce qu'on dépense en France pour chaque étudiant de grande école. Nul besoin, donc, de ces cours supplémentaires qui fleurissent dans l'Hexagone.

Mais cette décentralisation a son revers. Il s'appelle inégalité. L'éducation, publique et privée, fonctionne à trois vitesses : la première réservée à l'élite, la seconde à la bourgeoisie et la dernière à tous les autres. Dans les écoles situées au cœur des villes, minorités et faibles moyens vont de pair : moins d'enseignants et d'aide pour les enfants en difficulté, locaux parfois vétustes. Selon un classement établi par l'État de l'Ohio, les établissements de Worthington sont jugés excellents dans 28 catégories sur 28, mais ceux du centre de Columbus n'obtiennent que 6 sur 28. Une raison de plus pour la bourgeoisie de s'installer dans des quartiers d'où les plus défavorisés sont exclus par le simple prix d'achat d'une maison. Si ces dernières années, une classe moyenne noire commence à avoir accès à ces banlieues à majorité blanche, on reste tout de même loin du brassage ethnique. Depuis quelques années des lois dites « Robin des bois » obligent les États à accorder des crédits plus généreux aux établissements publics des quartiers défavorisés. Mais les communes comme Worthington résistent bec et ongles à toute réforme qui ferait partir ailleurs leurs impôts locaux.

Les milieux aisés ont souvent recours à l'enseignement privé, plus développé qu'en France, un peu à l'image de ce qui se pratique en Angleterre. Les élèves du lycée privé de Lakeside à Seattle, où fut scolarisé Bill Gates, sont de véritables petits princes du système scolaire. Ils bénéficient d'équipements hors pair et de professeurs surdiplômés qui sont parfois des stars dans leur discipline comme Adam Stern, le prof de musique, choisi pour diriger l'orchestre qui a enregistré la musique du film *Runaway Jury* avec Gene Hackman et Dustin Hoffman. De nombreux élèves, à l'instar des gosses des rois de l'informatique, ont des ordinateurs portables à 2 000 euros pièce, jouissent de cartes de crédit au plafond illimité, et se déplacent en BMW. Une peccadille comparée aux frais de scolarité de 16 000 dollars par an et par tête.

L'élite « aristocratique » se retrouve dans quelques pensionnats de luxe de la côte est – Andover, Exeter, Groton, Saint Paul, pour ne citer que les plus connus – qui facilitent l'accès aux prestigieuses universités de l'Ivy League, dont Harvard, Yale et Princeton.

Si votre baccalauréat reste plus coté que le diplôme des *high schools* américaines, les Français sont loin de dépenser autant d'argent que nous pour leurs étudiants en faculté. Il faut néanmoins nuancer, car en Amérique tout est question de vitesse.

Un diplômé de Harvard est cultivé, mais pour bien d'autres, l'université n'est en réalité qu'une étape obligatoire et vite oubliée avant de faire son entrée dans le monde du travail. Dans le film *Le Lauréat*, lorsque Benjamin Braddock, joué par Dustin Hoffman, cherche à discuter un peu sérieusement avec Mrs Robinson avant de passer à l'acte, il évoque la littérature. Mais son interlocutrice n'en a cure.

« La littérature, ça m'ennuie, dit-elle.

– Mais en fac tu as fait des études de quoi au juste ?

– De littérature », lui répond-elle, sans broncher.

Plus grave que l'oubli ou le désintérêt, cette mode qui sévit sur les campus depuis les années 70 : l'enseignement doit être *relevant* (pertinent), en phase avec la vie moderne. Potasser les œuvres des *dead white European males* (les vieux mâles blancs européens défunts, c'est-à-dire, en fait, les plus grands écrivains et penseurs de la civilisation occidentale) est vivement contesté depuis la génération qui a protesté contre la guerre du Viêtnam.

Depuis que le politiquement correct a investi les universités, on voit de nombreux étudiants noirs se consacrer à la littérature et à la culture… noires. Une bonne partie des jeunes filles se spécialise dans la littérature et la culture… féministe. Et, coïncidence ou pas, l'étude du marxisme (difficile depuis la chute du mur de Berlin pour nombre d'experts ès communisme) a été remplacée par une nouvelle matière, les *gender studies* consacrées au rôle des hommes et des femmes dans la société.

Sujet type de ce genre d'études proposé à l'université Goucher de Baltimore : « Depuis l'aube des temps, les hommes ont contraint les femmes à n'assumer que des tâches subalternes afin de les dégrader et de les diminuer moralement, physiquement et intellectuellement. Discutez. » On peut parier que celui qui osera contester cette affirmation se verra attribuer la même note funeste qu'un candidat à Normal Sup qui négligerait de saupoudrer sa copie d'un brin de marxisme.

Conclusion, un étudiant américain, encouragé à tout miser sur sa personnalité, son propre potentiel et sa place dans la société, manque de culture générale et souvent même d'une bonne connaissance de la langue anglaise ou des mathématiques. Étudier la grammaire ? Pas assez « pertinent » pour la vie contemporaine.

Ces quatre années de campus sont aussi pour beaucoup un âge d'or, question divertissements. Nos universités – au total 5 000 dont la majorité est privée – se livrent une rude concurrence pour attirer des clients, pardon des « étudiants » dont les parents sont prêts à payer jusqu'à 24 000 euros par an de frais de scolarité. « De bonnes facs au juste prix », promet l'hebdo *U. S. News*, dans son classement annuel des campus. Il faut dire que chez nous l'éducation supérieure est considérée comme un investissement et, de fait, on constate moins de 3 % de chômage chez les diplômés.

Alors, on promet aux bacheliers de décrocher des diplômes sans trop travailler, avec des cours aussi « ludiques » que la bouffe dans un fast-food, la découverte de son moi, les loisirs au XXe siècle, l'art des hobbies et même comment regarder la télévision, un cours au programme de la médiocre université Montclair State (New Jersey). Apprenant cette bonne nouvelle, le comique de la chaîne de télévision NBC, Jay Leno, s'est posé une question : « Et pourquoi ? Les étudiants de Montclair State savent déjà comment regarder le petit écran, ce qui explique pourquoi ils y font leurs études. »

D'autres établissements attirent par leur réputation de *party school* (fac où s'amuser un max), grâce à leur réseau de *fraternities* et *sororities*. On s'éclate pendant quatre ans, comme John Belushi dans le film *Animal House* qui anime des soirées en « toge ».

Mais tout n'est pas que divertissement. Ces clubs tiennent soigneusement des « archives » pour le plus grand bienfait de leurs associés, qui permettent de tricher, puisque les profs — trop occupés à militer pour le parti démocrate —

n'ont que rarement le temps de renouveler les sujets de devoirs. D'année en année, les mêmes réapparaissent, genre 600 mots sur le symbolisme des fusils dans les nouvelles de Hemingway. Il ne reste plus qu'à puiser dans les archives pour trouver un papier sur le même thème, préparé il y a une dizaine années et noté 13/20. C'est gagné.

Et puis, ces universités ont un rôle social important – aider les filles à décrocher le diplôme de « *Mrs* », c'est-à-dire dénicher un bon parti. Comme Reese Witherspoon dans *La Revanche d'une blonde* qui fait des études farfelues de marketing de mode, jusqu'au jour où elle doit s'appliquer pour impressionner son petit ami, qui, lui, fait du droit à Harvard. On rit beaucoup.

Les universités privées les plus prestigieuses, bourrées de prix Nobel, sont aussi passées maîtresses dans l'art de la discrimination. Discrimination positive en faveur des minorités (sauf les Juifs ou les Asiatiques dont les enfants trop performants voient leurs effectifs officieusement limités). Sélection plus classique aussi en faveur des rejetons des anciens élèves et des célébrités (la fille de Bill Clinton, Chelsea, a pu choisir entre Princeton et Stanford). Idem pour les meilleurs sportifs ou les jeunes prodiges de la musique, et pour bien des facultés, le candidat idéal serait un Noir du ghetto doté d'un QI de 200, champion de basket et futur chef d'orchestre. Cette discrimination positive instaurée par la loi commence cependant à être contestée dans des milieux aisés, même si elle ne concerne pas vraiment le grand public. Pourquoi ? Parce que nos campus de prestige ne pistonnent pas autant que vos grandes écoles, ne serait-ce que pour de simples raisons démographiques. Les promotions des quatre plus prestigieuses universités américaines (Harvard, Yale, Princeton et Stanford) totalisent 6 000 diplômés, cent fois plus que l'ENA ou Polytechnique.

Payer plus de 100 000 euros pour quatre ans à Harvard ou dans une université de même niveau, c'est cher. Mais les bourses sont nombreuses dans les facs célèbres, beaucoup moins dans les autres. Il existe aussi des prêts du gouvernement à long terme (j'ai fini de rembourser le mien à 38 ans). La plupart des étudiants bossent aussi à temps partiel (je travaillais deux heures par jour dans la cafétéria). De toute façon, chez nous, il n'est pas question de demander aux contribuables de financer entièrement les études comme en France, où, paradoxalement, c'est la collectivité qui finit par financer l'éducation des rejetons des classes aisées.

Retour à notre petite banlieue de Columbus Lorsque les conseillers, après une longue et houleuse séance, proposent un référendum sur l'augmentation des impôts locaux, la contribuable au chapeau fleuri explose une nouvelle fois ·

« On veut encore me saigner ! Ce n'est pas possible ! »

Dans un pays où le bachot n'existe pas, de tels propos ne choquent personne.

Campus, mon amour

Dans mon pays, on peut rompre avec le monde en divorçant, en coupant tous liens avec sa famille, en reniant ses amis, en mettant en vente sa maison, en changeant de physionomie grâce à la chirurgie esthétique, et pour les plus extrémistes en s'enfuyant dans les montagnes du Montana ou sur une île au large de la Floride.

Mais on ne quitte jamais vraiment son *Alma Mater*, l'université, le campus où, jeune homme ou jeune fille, on a pour la première fois goûté, loin du cocon familial, les vrais plaisirs de la vie post-ado : farniente, alcool, drogue, sexe, et même quelques poètes anglais du XVIIe siècle.

Quand deux Américains appartenant à des milieux plutôt aisés se rencontrent, que font-ils ? Après un vigoureux *hand-shake*, ils se posent deux questions primordiales, histoire de se renifler à la manière des chiens : que faites-vous dans la vie et quelle était votre *Alma Mater* (en latin, mère nourricière) ? Selon la réponse, deals et mariages se font ou ne se font pas. Entre un diplômé de l'université de Michigan State, où il suffit d'avoir le bac pour être admis, et un autre qui est sorti de Harvard, il y a un monde.

Difficile aussi de faire comprendre à un Français toute l'émotion et la nostalgie qui lient n'importe quel Américain à cette époque de sa vie où jeunesse et maturité se rencontrent pour l'unique fois. Une période idéale : on vit toujours aux crochets de papa et maman, mais loin de leurs regards et on n'a pas encore besoin de gagner sa vie.

Rien à voir avec la France. Quel ancien élève va se donner la peine de visiter, vingt ans après, les locaux de la faculté de Vincennes, barbouillés de tags et recouverts d'affiches de Lutte ouvrière, en laissant tomber une petite larme pour ses années de fac, les meilleures de sa vie ? Qui voudrait revoir la maison des examens d'Arcueil ? Personne. L'ex-diplômé français regarde ces lieux comme le ferait un ancien détenu passant devant la Santé – la fac, lieu de souffrance.

Aux États-Unis, après la remise des diplômes, le campus ne nous quitte pas. Hélas. J'ai vécu sur trois continents, dans six villes différentes, et grâce à ces périples, les anciennes copines aigries, les propriétaires furax, les créanciers acharnés, tous ont perdu ma trace. Tous, sauf l'université de Princeton, mon *Alma Mater*, qui arrive à me dénicher partout dans le monde.

Et j'avoue d'ailleurs que j'éprouve une certaine nostalgie en pensant à mes quatre années passées sur ce campus avec ses bâtiments de style gothique revisité par le XIXᵉ siècle, recouverts de lierre, ces copies conformes d'Oxford et Cambridge. La réalité n'était pourtant pas si rose, car Princeton n'était pas encore mixte à cette époque. Alors, trois mille garçons bourrés de testostérone sur un même campus… l'enfer ! C'est plus tard à la Sorbonne que j'ai découvert les véritables joies de l'enseignement universitaire, autrement dit, les bas-bleus.

Princeton, comme toutes les facs privées américaines, s'efforce de faire de ses anciens élèves une véritable communauté, mais ce n'est pas pour leurs beaux yeux. Tout ancien élève est un mécène en puissance, petit ou grand. À défaut d'une Éducation nationale à la française pour payer les salaires, nos universités privées ont en effet besoin du soutien actif de leur « famille » d'anciens élèves. Si Princeton jouit d'un *endowment* (portefeuille d'investissements) de 8,7 milliards de dollars (j'ai bien dit *milliards* et non pas millions), c'est grâce à la générosité de ses diplômés, dont certains un peu ramollis et d'autres en pleine possession de leurs capacités ont légué le plus gros de leurs fortunes à l'*Alma Mater* — au grand désespoir de milliers de neveux dépouillés. Ce capital produit chaque année un revenu qui permet aux plus prestigieuses universités privées

US de fonctionner (Harvard peut compter sur un capital de plus de 18 milliards de dollars).

Pour fidéliser ces anciens élèves-mécènes, tous les moyens sont bons. Chaque année en juin, on organise sur les campus les grandes retrouvailles des anciens, qu'on appelle les *reunions*. Arborant les couleurs de l'université, l'orange et le noir, les vieux défilent, promotion par promotion, sans craindre d'avoir l'air ridicule. Le plus âgé, néanmoins encore valide, est récompensé par un prix, celui de la Canne d'argent… Non, je n'invente pas. En 2003, l'heureux gagnant était Len Ernst, de la promotion 1925. Au cours de cette manifestation annuelle, il y a toujours un ou deux ex-étudiants qui font mourir d'ennui leur famille en lui faisant découvrir *en détail* le campus : « Là-bas, dans McCosh Hall, j'avais mes cours de littérature, et juste un peu plus loin, c'est là que je logeais en troisième année. Je me demande qui y habite actuellement… » Une petite larme pour cette jeunesse enfuie n'est jamais très loin, et le carnet de chèques non plus.

L'instrument de torture le plus raffiné reste la revue des anciens élèves, la *Princeton Alumni Weekly*. Deux fois par mois (en dépit de son statut officiel d'hebdomadaire), on m'informe de tout ce qui se passe sur le campus, que je le veuille ou non. Quand un prof fait une découverte dans le labo de physique, ça fait la couverture. L'équipe de football américain termine la saison gagnante en battant Harvard et Yale ? Cela vaut un très long article, car une université américaine sans prouesses sportives, c'est la honte. Chez nous le *mens sana in corpore sano* – un esprit sain dans un corps sain – reste la règle.

Justement, ça ne marche pas fort pour nos footballeurs en ce moment, et la Princeton Football Association est là pour nous rappeler qu'une contribution de 5 000 dollars assure au généreux donateur une place dans le prestigieux President's Club, qui confère le droit d'assister aux matchs assis à proximité du président de l'université. Trois anciens élèves seulement ont déboursé cette somme, juste pour avoir cet honneur. Quelques centaines ont payé entre 100 et 500 dollars pour adhérer au Ivy Club. Et puis il y a les pingres – moins de 100 dollars – qui décrochent une adhésion bas de gamme au Stadium Club, avec des places situées derrière un pilier, j'imagine. Tout cela peut paraître risible, mais n'oublions pas qu'une saison de foot glorieuse motive suffisamment les anciens élèves pour qu'ils financent quelques postes supplémentaires de professeurs.

Dans les pages « Class notes » du *Weekly*, je trouve des nouvelles de ma promotion (1966) : j'apprends que Ernie Hutton a marié sa fille Lizzie (elle-même issue de la promotion 1995), que Pete Andrus est toujours pédiatre dans le Texas. Pete et moi, tous deux boursiers, avons bossé ensemble dans la cafétéria du campus, à débarrasser les tables. Et puis on raconte que pendant la grande panne d'électricité à New York, Bob Goldie, de passage dans la ville, n'a pas trouvé de chambre dans le Princeton Club et a dû se replier sur le Harvard Club.

Plus troublant est le témoignage de Tally Parham, promotion 1992. Avocate en Caroline du Sud, la jolie Parham est aussi pilote de chasse F-16 dans les réserves de l'armée de l'air. Envoyée en Irak, elle se souvient avec une émotion compréhensible du jour où un de ses collègues n'est pas rentré de sa mission. Mais c'est avec le ton détaché d'une technicienne de la guerre qu'elle explique l'une de ses journées : « Sortie sans incident. J'ai largué les bombes et tiré mes missiles et puis j'ai fait demi-tour pour rentrer à la base. » Sans incident, peut-être, mais pas pour ceux qui ont reçu ses bombes sur la tête.

Cette lecture est destinée à nous rendre fiers de l'*Alma Mater*, en nous faisant signer, au passage, un petit chèque. Mais, inévitablement, les bonnes nouvelles n'ont pas le monopole : dans ma promotion, sur 800 diplômés, on compte déjà une cinquantaine de décès. À chaque annonce, on est peiné, bien sûr, même pour des gars qu'on ne connaissait pas très bien. Mais le pire, c'est qu'on se sent soi-même glisser vers l'autre rive. Cette toux sèche du mois dernier, ne serait-ce pas le symptôme de quelque chose plus grave ? Et l'on se précipite chez le toubib.

Je me demande quelquefois si la lecture de l'« hebdo » de Princeton est vraiment conseillée, car on y apprend aussi, au hasard des pages, que vos ex-condisciples ont mieux réussi que vous dans la vie. Un exemple : Robert Mueller a été nommé chef du FBI par le président George Bush. Suis-je jaloux de « Bob » ? Bof, le FBI, ce n'est pas vraiment mon truc, quoique ça pourrait être drôle de meubler ses soirées en se plongeant dans les dossiers croustillants des vedettes de Hollywood.

Plus difficile de réprimer une pointe de jalousie quand j'ai appris en 2001 qu'un autre membre de ma promotion avait reçu le prix Nobel d'économie. Une « bonne » nouvelle qui tombe à la même saison que d'autres du type taxe d'habitation ou tiers provisionnel. Le lauréat, c'est A. Michael Spence, un surdoué qui suivait trois fois par semaine les mêmes cours de français que moi, niveau débutant, *French 101*.

Mon pote Mike Spence a donc gagné le prix Nobel. Quelle fierté pour la promo 1966, n'est-ce pas ! Réjouissons-nous. Mais seulement, voilà… Et moi ? Suis-je donc un *loser* ?

Merci *Alma Mater* d'avoir gâché ma journée. Tu n'auras plus un sou de moi.

La culture du mauvais goût

C'est la mi-temps dans le match de basket qui oppose les Spurs du Texas aux Bulls de Chicago. La direction « artistique » du stade doit distraire à tout prix les spectateurs.

Alors, elle profite de l'actualité. Nous sommes en mars 2003, tout le monde attend le début de l'intervention militaire en Irak. On attend aussi les pompom girls qui, normalement, apparaissent vêtues d'une tenue argentée d'où leur nom de Silver Dancers. Mais aujourd'hui, les mignonnes portent des tenues camouflées militaires très sexy, un petit geste patriotique à l'intention des *boys* qui vont bientôt se battre. Quelle idée géniale ! Et le public d'applaudir chaudement. Puis viennent les distractions habituelles, du « *half-time show* » : deux obèses se pavanent pendant que le public les encourage, suivis par un type qui essaie de faire un panier depuis la mi-court, pour un prix de 100 000 dollars (il ne réussira pas).

L'Empire romain, au comble de la décadence,

manifestait plus de délicatesse, de tact et de bon goût. Célébrer dans la frivolité patriotique le début d'une guerre dans laquelle des milliers de civils vont certainement trouver la mort est aussi choquant que surprenant. Quel rapport y a-t-il entre cette Amérique et celle qui fait preuve de respect et de dignité à l'égard de *ses* morts, ceux des Twin Towers !

Si nous avons inventé le politiquement correct, c'est parce que l'Américain, à l'état naturel, se conduit depuis deux siècles selon des normes dignes du Far West. Il parle volontiers de corde dans la maison d'un pendu, elle arborera sans complexe en public un sweat-shirt marqué *Big Tits* (Gros Nichons). Dès le berceau, on encourage les enfants à se réaliser en s'exprimant librement plutôt qu'en se comportant « comme il faut ». Cela explique sans doute la conduite déchaînée de nos chers *kids*. Et comme ils sont incapables de se tenir tranquilles dans un restaurant classique, on a dû inventer le fast-food. C'est le monde à l'envers. Rien d'étonnant, chez nous, le bon goût, c'est un produit importé de l'étranger, tandis que le mauvais goût est assimilé à un acte patriotique.

L'attention aux autres, surtout quand ils sont étrangers, n'est pas une vertu américaine. Un chef du Pentagone qui brocarde la « Vieille Europe » ne choque personne aux États-Unis. Deux jours après la capture de Saddam Hussein, on a entendu George Bush narguer encore son adversaire : « Alors vous êtes allé creuser un trou et vous vous êtes fourré dedans. » (À chaque pays sa technologie : le 11 septembre, ce même président ne s'était-il pas lui aussi courageusement engouffré dans un abri nucléaire ?)

Montrer le visage d'un Saddam complètement ahuri pour lui enlever toute dignité aux yeux de ses admirateurs du monde arabe, pourquoi pas ? Mais le filmer pendant une visite médicale ? Pourquoi pas aux toilettes ? Que chaque homme ait droit à une certaine intimité est une notion qui échappe aux Américains. Aux États-Unis, peu d'observateurs ont osé réagir et rappeler que la stricte application de la Convention de Genève ne suffit pas en temps de guerre, qu'il faut aussi savoir faire preuve d'un minimum de respect humain.

Quant au jeu de cartes illustrées de la tête des principaux dirigeants irakiens, dommage qu'on n'y ait pas pensé pour le Troisième Reich : Hitler en as de pique, et Hirohito, quelle carte lui attribuer ?

Il faut voir dans ce mauvais goût presque ostentatoire le rejet d'une certaine obsession européenne du style et des bonnes manières, ces restes de la suprématie du Vieux Continent. Si les Américains sont les maîtres incontestés dans les domaines militaire, économique et scientifique, ils se savent incapables de rivaliser avec le savoir-vivre d'une France, qu'ils peuvent au mieux imiter, mais ne surpasseront jamais. Alors beaucoup se réfugient dans le mauvais goût. Sur le plan artistique, cette réaction a été positive comme en témoignent les œuvres d'Andy Warhol, Roy Lichtenstein ou Jackson Pollock, des peintres américains qui refusaient la tradition européenne, mais c'est moins vrai dans d'autres secteurs.

Tout le monde le sait, on juge un pays à travers ses femmes, et, franchement, on a parfois l'impression que les représentantes du Nouveau Monde ont un goût des plus curieux. Les Américaines ressemblent à des putes quand elles se font sexy et à la reine d'Angleterre quand elles s'habillent « bien ». Et pour décourager tout harcèlement sexuel, ces walkyries affectionnent le style *dress for success* (s'habiller pour réussir) basé sur l'idée que, au bureau, une femme doit donner l'image d'une professionnelle et non d'une poupée gonflable. Pas idiot, mais à quel prix : des jupes volumineuses genre colons du XIXe siècle, des chaussures plates, antiflirt, et voici les jambes réduites à une fonction strictement utilitaire, sans oublier un petit foulard en soie autour du cou qui les transforme en bergères de pacotille. La féminité version Dior, revue par le pragmatisme américain.

Dans les rues de New York, qui passe pour être notre ville la plus chic, on voit même des employées de bureau vêtues d'un tailleur très smart et chaussées… de baskets. Tout fout le camp. Toujours ce sacré sens pratique : refusant d'arpenter les longues avenues de la ville perchées sur de hauts talons, une fois arrivées au bureau, elles sortent leurs talons aiguilles bien rangés dans un tiroir à côté des dossiers.

Nos people ne font guère mieux. Chaque année, on attend impatiemment le concours des femmes non pas les plus élégantes mais les *moins* chics. Cela se passe à Las Vegas (le comble de la vulgarité à l'américaine) sous la houlette d'un certain monsieur Blackwell, un individu qui semble n'avoir ni prénom ni autre fonction dans la vie. Au palmarès, l'actrice Meg Ryan (« une épave de la mode », selon Blackwell), la chanteuse Britney Spears (« qui porte des torchons à nombril découvert »), et la star de Hollywood Cameron Diaz (« habillée par un clown de cirque daltonien »).

Côté mecs, c'est encore pire. On ne peut qu'être atterré en voyant le champion de tennis Andy Roddick persuadé de s'habiller « ultra-smart », arriver sur le court dans une tenue à gros carreaux noirs et blancs avec la casquette assortie. On dirait le drapeau qui signale la fin d'une course de Formule 1. Pas étonnant si même les Anglais trouvent que nous avons mauvais goût.

L. Paul Bremer, l'administrateur américain en

Irak, se plaît à porter veste et cravate mais toujours assorties de rangers. Il s'imagine que cela lui donne aux yeux de ses compatriotes une image virile de diplomate/homme de terrain. Malheureusement, les Irakiens considèrent cette manière de se chausser comme une insulte de plus : non, leur pays n'est pas qu'un champ de boue.

Les historiens révisionnistes verront sans doute un jour dans la guerre froide un concours de mauvais goût vestimentaire, entre les patrons du Kremlin portant des vestons coupés pour Frankenstein et les élus de Washington engoncés dans leur *business suit* d'apparatchik capitaliste. Rappelons que ce sont les capitalistes à chemises hawaïennes qui ont gagné le match.

Le refus du bon goût européen est si coutumier dans la middle class américaine, que H. L. Mencken, notre humoriste le plus caustique du XXᵉ siècle, appelait « *booboisie* » la grande bourgeoisie, le mot *boob* désignant un idiot. Nos intellos s'y mettent aussi et y prennent un plaisir évident. Chaque année, toute la gent littéraire suit avec passion un concours culte, une sorte d'anti-Goncourt appelé le Bulwer-Lytton Fiction Contest, du nom d'un romancier anglais du XIXᵉ siècle, célèbre pour son style pompeux. Pour y participer, il faut rédiger la première phrase d'un roman imaginaire. Le gagnant est celui qui a écrit le début le plus mauvais. En 2003, c'était

Mariann Simms, mère de famille dans l'Alabama
avec :

« Il ne leur restait qu'une nuit à passer ensemble, et donc ils s'embrassèrent si fort qu'on aurait
dit un de ces amuse-gueules en forme de colimaçon aux deux fromages, l'orange et le jaunâtre-
blanc, l'orange étant probablement un cheddar
sans goût et le blanc… une mozzarella, ou alors
peut-être un provolone ou encore tout bonnement le fromage qu'on appelle "américain" puisque ce dernier n'a pas vraiment un goût distinct
de l'orange comme on voudrait nous le faire
croire en lui donnant une coloration différente. »

À New York, les critiques de théâtre et d'opéra
dénoncent, sans le moindre résultat, le manque
de discernement artistique des spectateurs, qui
se traduit par le phénomène de la *standing ovation*
automatique, même dans le cas d'une pièce médiocre. Sur Broadway, la comédie musicale *The
Oldest Living Confederate Widow Tells All* (La dernière veuve des confédérés dévoile tout), véritable four, a été annulée par son producteur après
une seule soirée. Elle avait pourtant été longuement applaudie. Mais le public, incapable de
juger de la qualité de l'œuvre, préféra, à tout
hasard, se montrer enthousiaste. John Lahr, le
critique dramatique du *New Yorker*, croit à un
effet d'autosuggestion : « Ces gens ont payé leur
place 75 dollars et ils veulent se donner une émotion qu'ils n'ont pas vraiment éprouvée pendant

le spectacle. » Restent tout de même quelques esprits clairvoyants, comme la revue satirique universitaire, le *Harvard Lampoon*, qui couronne chaque année les *pires* talents du show-biz (Jane Fonda a gagné quatre fois, talonnée par Barbra Streisand).

Et puis, pourquoi le cacher, les Américains adorent la ramener (comme vous dites). Pour quelques dollars de plus (35 environ), un automobiliste se procurera une *vanity plate* (plaque d'immatriculation « personnalisée »). Ils sont des millions de conducteurs yankees à s'offrir ce petit plaisir que les gouvernements du Vieux Continent refusent à leurs administrés. Pourtant, cela met de l'animation dans les rues, comme ces tee-shirts et sweat-shirts à l'effigie de people. Une plaque « GO BDGRS » (allez, les blaireaux) annonce à tous que l'heureux propriétaire de cette Ford est un fan de l'équipe de football de l'université du Wisconsin, auquel le blaireau sert de mascotte. « MY GIFT » (mon cadeau) fait rêver d'un mariage où les époux se font des présents à quatre roues. Et « EYE LUV TOM » (j'aime Tom) témoigne d'une affection qui ose dire son nom

Chez nous (comme de plus en plus chez vous) banlieues et villages sont généralement défigurés par d'immenses panneaux publicitaires d'une trentaine de mètres de haut. Et, même dans nos lieux historiques, on ne pense pas toujours à mettre les câbles téléphoniques ou électriques sous terre. Dans les quartiers nouveaux, on mélange allégrement les genres : l'hacienda avec patio voisine avec le faux chalet suisse qui côtoie une imitation grecque classique de Tara, la demeure de Scarlett O'Hara. Le style authentiquement américain de l'architecte Frank Lloyd Wright ne fait malheureusement pas école. Quant au design industriel américain, il faut chercher longtemps pour en trouver de beaux exemples et, à quelques exceptions près, les bolides *made in Detroit* sont laids.

Les psys nous disent qu'il faut voir là une recherche d'identité de la part de l'Américain moyen, noyé dans une société sans repères ni traditions. En affichant ses affinités particulières ou ses envies, le citoyen lambda se distingue du lot commun. Mais pour le critique d'art américain Clement Greenberg, il s'agit là du *véritable* impérialisme, un *vulgaris triumphus* qui fait du kitsch à l'américaine « une valeur qui n'a d'autre ambition que de faire la conquête du monde ». Sournoisement, le goût yankee se répand au-delà de nos frontières, comme la légionellose. Vous n'êtes pas convaincus ? Comment expliquer sinon le walkman de votre voisin qui vous oblige à subir un concert rock dans le bus, ou ces banlieusards français qui passent la journée en survêt ? Et la télé-réalité, et Greg le millionnaire, et le Bachelor, ils viennent d'où ?

Bienvenus, chers Français, en Amérique.

La République des avocats

Je vais déjeuner dans un restaurant de Columbus réputé pour sa viande cuite au feu de bois et commande un hamburger à la serveuse qui m'interroge sur la cuisson :

« Saignant ! s'il vous plaît. »

Elle me jette un regard comme si j'étais Jack l'Éventreur.

« Désolée, Monsieur, mais nous ne pouvons pas satisfaire votre demande. Nous n'avons plus le droit de servir de la viande saignante. »

Et la jeune femme m'indique un panneau au mur indiquant : « La viande insuffisamment cuite pour tuer les toxines est à l'origine de quelques décès aux États-Unis. Désormais, les assureurs exigent que la viande soit cuite. »

Si je mourais après avoir ingurgité un steak bien rouge, ma famille pourrait attaquer en justice le restaurant et sa compagnie d'assurances, gagnant ainsi des millions de dollars. Ainsi vont les choses en Amérique.

« Je peux vous faire ça entre saignant et à point », m'annonce finalement la serveuse, qui, visiblement, a l'habitude des emmerdeurs. J'ai déjà l'impression d'avoir mis le petit doigt dans l'engrenage d'une procédure judiciaire, et tout cela pour un hamburger.

La viande arrive, plutôt à point, ce qui signifie nettement plus cuit qu'en France, au total beaucoup trop à mon goût. Et merde !

La peur d'être poursuivi en justice a changé les habitudes d'un pays autrefois plutôt relax. Maintenant on se méfie et on prend les devants. Pour le révérend Ron Singleton de l'Alabama, aider ses fidèles à résoudre leurs problèmes personnels fait partie du boulot. Mais, quand il reçoit une personne du sexe opposé, il doit laisser la porte de son bureau ouverte. Sa secrétaire pourra ainsi entendre la conversation, au cas où son interlocutrice porterait plainte pour harcèlement sexuel. En l'absence de son assistante, le révérend reçoit dans un lieu public, le Burger King.

Intenter un procès à quelqu'un – ou plutôt à son assureur – peut rapporter gros. Il suffit de trouver un avocat assez habile pour faire pleurer les jurés populaires. Les exemples de supercagnottes accordées aux « victimes » et à leur défenseur ne manquent pas dans ce pays, qui compte un million d'avocats (contre, rappelons-le, 34 000 en France). Un chiffre qui explique bien des choses.

Quelques exemples : Kathleen Robertson, une ménagère d'Austin dans le Texas, a gagné 780 000 dollars après s'être fracturé la cheville en tombant dans une grande surface. Le responsable de sa chute était un gamin qui courait dans les allées du supermarché. L'enfant était son propre fils.

Mme Robertson a du même coup gagné le prix « Stella », décerné chaque année à la personne qui gagne un gros paquet à partir d'une plainte extravagante. À l'origine de ce prix, ou plutôt de son nom, Stella Liebeck. Cette dame de 81 ans, vêtue d'un bermuda, s'était assise dans sa voiture après avoir posé entre ses cuisses le café qu'elle venait d'acheter chez McDonald's. Le gobelet en carton s'était renversé, la brûlant gravement. Des brûlures qui lui ont rapporté près d'un million de dollars après qu'elle eut porté plainte contre McDo. Depuis cette affaire, chaque café vendu dans un McDo aux États-Unis porte la mention « Le café est très chaud ».

Ce genre d'avertissement destiné à mettre en garde les consommateurs est courant chez nous. Il vise à empêcher les victimes de plaider qu'elles n'avaient pas été suffisamment informées des dangers encourus. Du principe de précaution porté à son extrême.

Autre exemple : un certain Merv Grazinski d'Oklahoma City venait de prendre livraison de sa nouvelle caravane Winnabago. Il déclenche le régulateur de vitesse, puis part tranquillement chercher une boisson tandis que son véhicule roule sur l'auto-route et finit dans le décor. Et le voilà qui attaque le constructeur, plaidant que le mode d'emploi ne précisait pas qu'il fallait rester au volant une fois le régulateur mis en service. Résultat, la justice lui a accordé 1,75 million de dollars et un mobile home flambant neuf. Le jackpot.

Sur une population de près de 300 millions d'habitants, on trouve forcément quelques crétins, comme dans tous les pays, avec une différence : aux États-Unis les crétins font quelquefois fortune. Leurs avocats, aussi.

Étrange parfois notre justice : d'un côté elle fait preuve d'une pitié généreuse pour les « victimes », leur offrant des millions d'indemnités, de l'autre elle témoigne d'une implacable sévérité, de la prison ferme pour les petits délits à *« the chair »* (la chaise – la peine de mort) pour les plus graves. Chez nous, un Nicolas Sarkozy passerait pour un ange de tolérance.

L'Amérique est-elle trop inféodée à ses hommes de loi, qui sont aussi majoritaires au Congrès ? Les Américains éprouvent un sentiment ambigu à leur égard. Ils font souvent l'objet de critiques, un peu comme les énarques en France, et les blagues sur les avocats sont très à la mode :

Question : Si vous enterrez un cabinet d'avocats dans le sable, cela donne quoi ?

Réponse : Des sables mouvants.

On constate parallèlement une certaine fascination, comme en témoigne le succès des séries télé « *Ally McBeal* » ou « *L.A. Law* ». Sans compter les best-sellers judiciaires de John Grisham. Peut-être parce que les Américains ne détestent pas les petits futés qui s'enrichissent grâce à leur astuce.

Il faut avouer que certains avocats sont des as de la débrouille. Dans l'Ohio, le gouvernement de l'État a choisi pour le représenter dans un procès contre l'industrie du tabac un cabinet d'avocats spécialisé. En fin de compte, les marchands de cigarettes ont accepté de payer des indemnités sans passer devant le magistrat, mais les contribuables de l'Ohio ont néanmoins dû régler 256 millions de dollars au cabinet. Soit plus de douze fois la somme réclamée par Jean-Marie Messier à Vivendi.

« J'ai calculé que ce cabinet avait été payé 30 000 dollars de l'heure pour son étude préparatoire », m'a expliqué un avocat de Columbus.

En un an, en tout cas, les Américains dépensent plus ou moins la bagatelle de 200 milliards de dollars pour porter plainte, ou se défendre.

L'écrivain Philip K. Howard dénonce dans ses livres ce qu'il appelle la franc-maçonnerie des avocats, soulignant que l'emprise de ces « vautours » constitue un véritable cancer pour le pays. L'avocat gourou des consommateurs Ralph

Nader (qui, en tant que candidat indépendant à la présidence en 2000, a fait basculer la Maison Blanche dans le camp de George Bush) n'est pas d'accord. Il considère que le système américain fondé sur les jurés populaires est un « bijou » et que les avocats « sont les derniers remparts contre l'injustice ».

Nader n'a pas entièrement tort. De nombreux Américains, et surtout les ressortissants des différentes minorités, s'adressent à la justice pour combattre des inégalités. Quand les Français descendent dans la rue, les Américains vont au tribunal. C'est effectivement la Cour suprême qui, en 1954, a mis fin à la discrimination raciale – presque cent ans après la guerre de Sécession. Et une poignée de jeunes avocats militants a obtenu, dans le sillage de Ralph Nader, la restitution de quelques terres aux Indiens (ce qui a permis depuis à certaines tribus d'y installer des casinos). L'émancipation des femmes aussi a progressé à coups de procès, notamment dans le domaine de l'égalité sur les lieux de travail, même si la lutte contre le harcèlement sexuel conduit parfois à des dérives.

Et dans le cas des détenus de la base militaire de Guantanamo, on a même vu une demi-douzaine d'avocats de l'armée avoir le courage de critiquer leurs propres généraux – et le gouvernement de George Bush – en déposant une requête auprès de la cour de San Francisco pour que ces prisonniers étrangers soient entendus par la justice.

Il est vrai que le système de partage (facultatif) des dommages et intérêts entre client et avocat pratiqué aux États-Unis permet à des personnes démunies de faire des procès sans s'endetter – et à nombre de leurs défenseurs d'acquérir une résidence secondaire en Floride.

Difficile pourtant de faire quelquefois la distinction entre enrichissement personnel et militantisme social. Prenez Mark Weinberg, un jeune avocat de Chicago, qui ne donne jamais un sou aux nombreux mendiants faisant la manche dans le centre-ville car il croit, dit-il, à la valeur du travail et à la responsabilité personnelle. Cela ne l'a pas empêché de s'opposer à une nouvelle loi interdisant la mendicité sous peine de 500 dollars d'amende. Il considérait ces mesures comme une entrave à la liberté de parole garantie par la Constitution américaine. Admirable, non ?

Weinberg porta donc plainte au nom des quelques SDF incarcérés, et la justice trancha en sa faveur. Les conseillers municipaux de Chicago reçurent l'ordre de partager 99 000 dollars entre les personnes emprisonnées et de payer la somme non négligeable de 375 000 dollars à Weinberg ainsi qu'aux autres cabinets d'avocats qui étaient intervenus.

Qui a triomphé dans cette affaire ? Le bien public grâce à l'habileté des avocats ? Ou les professionnels du profit trop nombreux aux États-Unis ? Les deux, probablement.

Les dommages accordés par la justice sont souvent plus symboliques qu'autre chose. Betty Bullock, une Américaine de 64 ans atteinte d'un cancer, a porté plainte contre Philip Morris plaidant que, dans les années 50, cette société avait dissimulé les effets du tabac sur la santé. Les défenseurs de Philip Morris ont répondu que Mme Bullock aurait pu arrêter de fumer en 1980, à l'époque où le danger a été reconnu, et éviter ainsi de tomber malade. Les jurés populaires lui ont néanmoins accordé 28 milliards de dollars, une somme record réduite ensuite en appel à 28 millions, ce qui n'est tout de même pas mal.

Si ces jurés manifestent souvent le désir de punir financièrement les grandes multinationales, ils ne sont guère plus indulgents avec la petite criminalité. Excédés par la montée de la violence entre 1970 et 1995, les Américains ont poussé le législateur à une répression policière accrue.

Et, de fait, les actes criminels sont en baisse depuis une dizaine d'années. Mais là aussi, à quel prix ! Le pays compte maintenant plus de 2 millions de prisonniers et 4,7 millions de personnes en liberté conditionnelle. Étonnez-vous alors que les chiffres concernant la délinquance se soient améliorés.

Une fois encore le taylorisme a frappé. Grâce au principe du « plaider coupable », la justice américaine arrive à éliminer 95 % des procès criminels, ce qui permet de maintenir les cadences. À l'accusé qui a peu de chances de prouver son innocence, le procureur propose un « pacte » : il plaide coupable et le juge lui accorde une peine « allégée ». Ce type de tractation est si fréquent que le parquet et le défenseur préfèrent négocier en privé et par téléphone, plutôt que de prononcer de longs et beaux discours en public. L'accusé peut toujours réclamer un procès, mais la grande majorité opte pour une diminution de peine – d'où le fait que nos pénitenciers affichent plus que complet. Ce système présente cependant un avantage : éviter d'attendre un an ou deux en prison, comme en France, avant de passer devant la cour.

Dura lex sed lex (la loi est dure mais c'est la loi), en France comme aux États-Unis. Une différence notable chez nous, la police – en dépit des scandales et des bavures – jouit toujours d'un certain prestige. En Amérique, on ne discute pas avec un policier : on dit *« Yes, officer »* (Oui, Monsieur l'agent), tout comme on ne plaisante pas avec les bombes dans les avions. Mais les pires sont les douaniers qui se considèrent comme des remparts contre la peste, la rage et toutes sortes de produits au lait cru et voient dans chaque étranger un ennemi potentiel – prenez garde, ces agents en uniforme sont tout-puissants.

Habitué à vivre en France, je suis moi-même

surpris par le climat policier qui règne dans nos consulats où je me rends parfois : on se croirait dans un pénitencier ou dans une caserne.

Ce respect américain – excessif, selon certains – des forces de l'ordre m'a tout de même été bien utile dans ma carrière de grand reporter à *Newsweek* car j'évitais spontanément de contrarier un type qui braquait sa Kalachnikov sur moi.

Quant à cette peine de mort qui choque tant les Français, elle ne pose problème qu'à une minorité d'Américains. La majorité reste convaincue que ce châtiment (légal dans 38 des 50 États) a un effet dissuasif. Le taux de meurtres a en effet baissé depuis quelques années, mais la plupart des experts se refusent à établir un lien direct avec les exécutions, en partie parce qu'il a également diminué dans les États qui ont supprimé la peine de mort.

Reste pour les autorités le problème du mode d'exécution. En Floride, un condamné a été littéralement « grillé » car au lieu d'utiliser une éponge naturelle pour l'électrocuter, on s'est servi d'une éponge synthétique. Dans l'Ohio, on vient de réaliser que l'exécution par injection pourrait être en réalité très lente et douloureuse. Selon les experts, le bromide de pancuronium, destiné en principe à paralyser les muscles, se limite à dissimuler la douleur qui peut être très violente, sans pour autant la supprimer.

Les opposants au châtiment suprême, en tout

cas, ne désarment pas et aujourd'hui de plus en plus de juges refusent de condamner à mort des coupables mineurs au moment des faits. Toutefois l'abolition de la peine de mort n'est pas pour demain. Aux États-Unis, en effet, la peine capitale n'est pas imposée par la classe politique, mais par le peuple, qui y voit un acte de justice. Et chacun sait qu'il est difficile d'aller à l'encontre de l'opinion de ses électeurs.

Gardez-nous de nos intellos

Le grand avantage de la vie en Amérique, c'est qu'on n'y rencontre pas, comme en France, des gens qui ont décroché 11/20 en philo au bac, à l'âge de 17 ans, et se prennent ensuite pour Bourdieu ou Sartre le reste de leur vie.

Et puis, on n'est pas obligé non plus de regarder tous les soirs à la télé un Bernard-Henri Lévy en décolleté ou un André Glucksmann coiffé comme une vieille squaw. Sur nos petits écrans, on n'a que des séries débiles — c'est plus reposant.

Nous sommes un pays de pragmatiques, et les idées philosophiques ne courent pas le rues et les bistrots. À l'école, la philo ne figure même pas au programme, tout comme la géographie (mais là, on en apprend tout de même un peu en faisant des guerres à l'étranger).

Pour revenir aux Grandes Idées, je dois quand même nuancer mes propos et citer par exemple le Dr John Gray, auteur de *Les hommes viennent de*

Mars, les femmes de Vénus où il explique sa pensée profonde, à savoir que les hommes et les femmes ne se ressemblent pas. Une vraie trouvaille qui lui a permis de vendre 7,1 millions de livres car la qualité d'une idée aux États-Unis se mesure au niveau du tiroir-caisse.

Ou alors prenons la philo « pop » du film *Matrix Reloaded*, un joyeux mélange de Michel Foucault et du *zweckloser Zweck* de Kant, incarné en la personne du méchant Smith : « Nous sommes en apparence libres, mais nous nous trouvons ici parce que nous ne sommes pas libres, car sans but nous n'aurions pas d'existence. » La philosophie au service du box-office, pourquoi pas ?

Mais quand on cherche une idée pour motiver le peuple américain, mieux vaut rester simple, et se limiter à jeter un slogan dans la mare. Lorsque l'épouse du président Ronald Reagan, Nancy, s'est lancée (sans qu'on lui demande rien) dans une grande campagne contre la drogue, son équipe a longtemps cogité et consulté nos meilleurs experts et penseurs pour aboutir aux trois mots suivants : « *Just say no.* » (Il suffit de dire non.)

Nous avons, certes, des penseurs, tel Noam Chomsky, plus connus à l'étranger que chez nous. Et puis il y a... il y a... ah oui, Susan Sontag, dont les réflexions trouvent un certain écho du côté de New York. Dans son dernier opus, *Devant la douleur des autres*, elle nous apprend qu'il vaut mieux rester en bonne santé que le contraire. Pas facile dans un pays sans Sécu.

D'une manière générale, nos grosses têtes sont soit des gauchistes, cantonnés aux campus avec interdiction d'en sortir, soit des paléo-réacs, très présents dans ces *think-tanks*, où l'on cogite encore jour et nuit pour prouver que Saddam Hussein, c'est Oussama ben Laden. Ou du moins son cousin.

Mais, honnêtement, le public américain n'a-t-il pas quelque raison de se méfier des gens trop intelligents ? Ces fameux *Best and Brightest* (les meilleurs et les plus doués), comme les appelle David Halberstam dans son célèbre livre parlant des conseillers des présidents John Kennedy et Lyndon Johnson. Parmi ceux-ci, des professeurs enseignant dans les plus prestigieuses universités sont bien parvenus à nous persuader qu'un petit pays de l'Asie du Sud-Est, le Viêtnam, menaçait directement notre grande démocratie. Au vu du résultat : 55 000 morts de notre côté et Dieu sait combien de centaines de milliers de l'autre, on a finalement compris qu'on trouve plus de perspicacité dans une émission de « *Friends* » que chez nos intellos.

On aurait peut-être dû conseiller à ces « intellos » de Washington, de suivre le conseil de Nancy : *Just say no*.

Jamais sans mon mécène

Rien à faire : Américains et Français n'entendent pas la même chose quand ils prononcent le mot « culture ».

Les *Frenchies* vous citeront une pièce d'avant-garde (forcément subventionnée par l'État), vue par une poignée de spectateurs mais largement évoquée au JT pour rappeler à tous que l'Hexagone est *le* pays de la culture.

Nous avons, nous aussi, notre avant-garde. Mais voilà, seuls quelques milliers (et je suis généreux) de citoyens ultra-cultivés (enfin selon nos critères) en ont entendu parler. Alors, dès qu'il s'agit de culture, les vrais Yankees évoquent, tout naturellement, les films de Hollywood, le jazz, le rock, les tableaux d'Andy Warhol reproduits sur des milliers de tee-shirts, et même la série « *Friends* ». Aux États-Unis, la culture populaire, c'est le cinéma et avant tout la télévision. Comme les pièces d'Aristophane pour les citoyens de la Grèce antique, les séries télé qui s'adressent à un très large public, sont le miroir de notre société parce qu'elles nous parlent de nous, de nos mœurs sexuelles (dans « *Sex and the City* »), de nos hommes politiques (dans « *West Wing* »).

De toute façon, que la culture américaine s'adresse au plus petit ou au plus grand nombre, le gouvernement ne s'en mêle généralement pas. Un ministre de la culture, à Washington, c'est inimaginable. Les intermittents subventionnés, les aides aux spectacles, le CNC (Centre national de la cinématographie), connais pas. Vous voulez connaître le budget culturel de la première puissance mondiale ? Cette anecdote est la meilleure des réponses.

Une vieille dame du nom de Ruth Lilly adorait la poésie et envoyait ses vers aux éditeurs du *Poetry Magazine*, qui ne la jugèrent jamais digne d'être publiée dans leur revue. Nullement rancunière, la poétesse en herbe, qui était par ailleurs l'héritière d'un magnat de la pharmacie, leur légua royalement 100 millions de dollars à sa mort en 2003. Le seul legs de cette poétesse manquée égale presque les 115 millions de dollars annuels du budget de la culture à Washington. Pas énorme, l'équivalent de quelques chars Abrams ou moins de 40 centimes d'euros par Américain. Sans ses mécènes, la culture (au sens français du mot) n'existerait pas chez nous.

Et pourtant, on voit chaque année un bon tiers du Congrès s'offusquer à l'idée que le gouvernement se mêle des arts et des lettres, arguant que puisqu'une certaine culture ne profite qu'aux bobos et aux intellos, c'est à eux de se la payer et non au simple contribuable.

« Veux-tu m'expliquer pourquoi mes impôts devraient servir à offrir une salle d'opéra à tous ces snobinards de New York ? » me demande ainsi mon vieux copain Morris, résident de Columbus. Comme beaucoup d'Américains, il estime que ce n'est pas à lui de financer une petite élite « culturisante » qu'on traite ici de *culture vultures* (vautours de la culture). L'opéra de Columbus (oui, nous avons même un opéra !) est donc sponsorisé par des dons privés (la ligne aérienne Delta et la banque Huntington notamment), mais très peu par les caisses de l'État.

À nos yeux, l'art, la littérature, le cinéma et autres formes de productions culturelles ne doivent pas dépendre de tel ou tel comité émanant du gouvernement mais du marché, au pur sens darwinien du mot. Un artiste américain qui ne trouve pas de galerie ou n'arrive pas à vendre ses œuvres a intérêt à changer de métier. Outre-Atlantique, l'artiste est un citoyen comme les autres.

Est-ce que cette absence de politique culturelle nuit au développement des arts ? À en croire Tyler Cowan, professeur d'économie à l'université George Mason (Virginie), pas du tout. La culture contemporaine a, au contraire, connu une floraison aux États-Unis précisément parce que le gouvernement est non interventionniste. « Les créateurs d'art et de culture ont de meilleures chances de vivre de leur travail et de réussir dans une société capitaliste où les œuvres peuvent être commercialisées comme des produits. Les artistes de la Renaissance italienne étaient aussi de sacrés hommes d'affaires », explique ce professeur.

Plusieurs raisons à ce refus d'une culture subventionnée par l'État : le problème de la censure et la peur de générer un art pompier officiel, comme autrefois dans les pays communistes. Mais aussi la volonté de voir les artistes assumer la responsabilité de leurs œuvres. Et puis, bien sûr, une peur puritaine de l'« immoralité » artistique joue son rôle.

On n'est pas prêt d'oublier le tollé autour du photographe Robert Mapplethorpe, récemment disparu, qui avait reçu une modeste subvention pour son exposition homo-érotique « Le moment parfait » à Cincinnati en 1990. Le directeur du Contemporary Art Center de la ville, Dennis Carrie, fut inculpé pour obscénité (et innocenté par un procès).

« Pour moi, ces photographies ne sont même pas de l'art, et lui (Mapplethorpe) n'est en rien un artiste. C'était tout simplement un con », s'emportait Jesse Helms, l'ancien sénateur de la Caroline du Nord, violemment hostile à toute aide de la collectivité en faveur des arts. Depuis, on hésite à Washington avant d'accorder même un dollar de subvention à des artistes graphiques.

Notre tradition de mécénat se porte en revanche fort bien. Aux États-Unis, le statut de mécène est très, très chic. Il permet aux plus fortunés de se retrouver entre eux, lors de soirées ou de bals « de charité » à 5 000 dollars par tête donnés pour financer, par exemple, un orchestre symphonique. Et ça marche, la preuve, pour figurer sur la liste des cinquante plus généreux donateurs de l'hebdomadaire *Business Week*, il faut donner au moins 95 millions de dollars par an.

C'est d'ailleurs presque une obligation depuis qu'en 1889 le milliardaire Andrew Carnegie a encouragé ses compatriotes richissimes à donner pour « le bien public », afin d'éviter qu'une Révolution à la française ne se produise chez nous. Ce patron de l'acier, par ailleurs sans pitié pour ses employés, a largement financé les bibliothèques municipales.

On estime à 12 milliards de dollars par an les sommes ainsi récoltées pour les arts, et le gouvernement de Washington y participe tout de même indirectement puisqu'il accorde aux donateurs des déductions fiscales de 2,5 milliards par an. Ajoutez à ces facilités la loi américaine qui permet de laisser votre fortune à qui vous voulez, et vous constaterez que, chez nous, bien des millionnaires préfèrent la culture à leur

famille. Si certains se tournent vers les créations
culturelles par pur snobisme ou parce qu'ils sont
las de collectionner les Rolls, d'autres manifestent
en revanche un authentique amour des arts. On
a ainsi vu les Rockefeller contribuer à la restauration du château de Versailles. Et si les musées
américains regorgent de tableaux de maîtres,
c'est grâce à la fortune d'amateurs avertis comme
le bon docteur Albert Barnes, dont la collection
post-impressionniste de Philadelphie fait envie à
tous les musées européens. En 1922, il l'avait
destinée à l'éducation des travailleurs et des
Noirs les plus défavorisés.

Les agents des artistes les plus célèbres sont
aussi doués pour séduire les riches que leurs
homologues français pour présenter un bon dossier rue de Valois. Ainsi, la notoriété de Placido
Domingo suffit-elle à faire tomber des millions de
dollars dans les caisses de l'opéra de Los Angeles,
où il cumule les fonctions de directeur artistique
et de chef d'orchestre (à qui il arrive parfois de
chanter depuis le pupitre !). Et c'est grâce à une
kyrielle de donateurs vivants et défunts que le
festival de Glimmerglass, dans l'État de New
York, peut proposer de l'opéra pendant tout l'été.
Le musée national de Washington, le Smithsonian, est lui aussi le résultat du legs, en 1829,
d'un particulier, le richissime scientifique britannique James Smithson (né Jacques Macie en
France au XVIIIᵉ siècle).

Mais travailler avec des mécènes, même morts, n'est pas toujours une sinécure. Joseph Volpe, responsable de l'opéra de New York, le Metropolitan, ou « Met », se voit aujourd'hui traîné devant la justice par les gérants de la succession de Sybil B. Harrington. Cette Texane, morte en 1998, avait légué plus de 30 millions de dollars au Met pour monter des opéras « classiques ». Or, comble de l'horreur, le Met a utilisé une partie de cette somme (5 millions) pour produire un *Tristan et Yseult* moderne.

Il faut aussi composer avec l'interventionnisme « artistique » de certains comme Alberto Vilar. Cet immigré cubain, qui avait fait fortune dans les technologies de pointe, envoyait au Met ses chèques accompagnés de recommandations pour le casting. Lorsqu'il dut réduire ses contributions à la suite de pertes en Bourse, l'opéra prit sa revanche en effaçant son nom du tableau des illustres donateurs.

À chaque système ses tares. Les Américains les mieux informés relèvent volontiers que le système français de subventions présente aussi ses inconvénients et que, à en croire le réalisateur Jean-Pierre Mocky, tout sujet traitant de la politique contemporaine est à haut risque.

Côté télévision commerciale les choses sont plus simples. Chez nous, pas de redevance audiovisuelle mais les JT comme les films sont saucissonnés toutes les sept minutes.

La chaîne des intellos, notre Arte, c'est PBS, le Public Broadcasting Service, dont l'émission phare « *Masterpiece Theatre* », l'orthographe à l'anglaise du mot théâtre étant voulue (nous écrivons, nous, *theater*), a été sponsorisée pendant 35 ans par la société pétrolière Exxon Mobil, au coût annuel de 7 millions de dollars. Tous les dimanches soirs, « *Masterpiece Theatre* » propose, avec pour générique le *Rondeau* de Jean-Joseph Moret, des productions excellentes, sans pages publicitaires, une agréable alternative aux programmes de la télévision commerciale avec ses séries trop souvent débiles.

Mais voilà que ce sponsor s'est retiré en 2003, au grand dam de Pat Mitchell, la présidente de PBS. Comment trouver une autre Joan Kroc susceptible de faire don de 200 millions de dollars au National Public Radio, la seule chaîne d'information non commerciale. La tâche n'est pas facile dans un pays où tous les grands mécènes sont constamment sollicités. Et puis il n'en meurt pas tous les jours.

Rien à espérer du côté de Washington, étant donné les ressources très limitées du National Endowment for the Arts (NEA), qui doit chaque année se battre pour répartir de façon équitable ses modestes subventions.

« Sans le NEA, constate l'acteur Alec Baldwin, l'un de ses défenseurs, sur les cinquante troupes de danse que compte le pays, on en aurait quarante-cinq dans une seule ville, New York. »

Impossible de parler de culture populaire sans mentionner la capitale du cinéma. La plupart de ceux qui se rendent à Hollywood, la tête farcie de rêves sur grand écran, finissent par trouver un *day job* (travail alimentaire). Faute de bénéficier du statut des intermittents français, ils se résignent parfois à jouer dans des films pornos ou bossent dans les restaurants de Los Angeles, espérant être un jour « découverts » comme ce fut le cas de Lana Turner, dans le drugstore où elle travaillait. Alors ne vous étonnez pas de trouver à L.A. les serveuses les plus canons de la planète.

Pour la minorité qui réussit à percer, la récompense se chiffre en millions de dollars : plus de sept millions par film pour une Nicole Kidman, plus de 1 500 dollars *par mot prononcé* pour chacune des quatre vedettes de la série télé « *Seinfeld* ».

Si le public adule véritablement ceux qui triomphent des pièges d'un star system extrêmement dur, c'est qu'ils sont généralement les plus doués. Et puis chez nous on aime les gens qui ont atteint des sommets après en avoir bavé. On adore lire et relire des articles sur l'enfance difficile de Marilyn Monroe, voir et revoir les appartements crasseux où elle vivait avant de devenir la star qu'on connaît. Dans un pays libéral, le succès est par définition réservé à ceux qui le méritent.

Vous l'aurez compris, dans notre pays, culture rime avec capitalisme, mais aussi (dans le cas de Hollywood) avec... cul. Lorsque Edgar Bronfman, le père d'Edgar Junior, s'est offert pour 40 millions de dollars des actions de MGM, son propre père, le vieux Sam Bronfman, celui qui avait fait la fortune de la famille grâce au whisky canadien, lui avait posé le plus sérieusement du monde cette grave question :

« Dis donc, fiston, on ne serait pas en train d'investir à Hollywood uniquement pour que tu puisses tirer ton coup ?

— Pas du tout, papa, on peut tirer son coup à Hollywood pour beaucoup moins cher. »

Le foot, oui, mais à l'américaine

Les Français considèrent que les Américains sont nuls en sport parce que notre équipe de football se fait battre par de tout petits pays, comme le Honduras. Erreur. Chez nous, le foot, c'est surtout pour les filles et quelques immigrés latinos. Nous sommes, en fait, une nation foncièrement sportive, même si la majorité d'entre nous pratique à outrance... par petit écran interposé.

Comme il convient à une nation excessive ment fière de son statut d'hyperpuissance, nos championnats « nationaux » se veulent mondiaux : le championnat du base-ball s'appelle bien le World Series. Les autres pays ne nous font pas peur, comme si le reste de la planète ne pratiquait que le yoga.

Pour nous, le *vrai* football, c'est la version américaine, un dérivé du rugby où les joueurs sont harnachés de protections dignes d'un chevalier du roi Arthur. Si vous voulez avoir une idée des moyens que nous consacrons à ce sport, sachez qu'un club moyen a besoin d'une quarantaine de joueurs pour une partie qui se joue à 11. Rien de très surprenant : l'entraîneur a, en effet, le droit de remplacer à tout moment ses joueurs. Alors, il prévoit au moins deux équipes, l'une pour l'attaque et l'autre pour la défense, qu'il utilise selon le déroulement de la partie. D'où ce spectacle surprenant pour un Français, d'une équipe quittant au complet le terrain pour être remplacée par une autre, juste après avoir marqué un but. Simple, non ? Quant aux footballeurs, souvent originaires d'Europe centrale, ils pèsent pour la plupart entre 100 et 130 kilos et possèdent un QI que l'on obtient en divisant leur poids par deux...

La plupart des entraîneurs ne font pas confiance à leur *quarterback* (meneur de jeu), ils envoient sur le terrain un joueur-messager chargé d'annoncer chaque « action » décidée par l'entraîneur lui-même et écrite sur du sparadrap collé au poignet, en cas de trou de mémoire. Étonnant qu'on n'ait pas encore pensé à envoyer une lettre recommandée avant chaque intervention. À cause des temps morts, le ballon est en jeu environ une douzaine de minutes par match. Oui, une douzaine de minutes ! Les joueurs spécialisés dans l'attaque ou la défense n'interviennent que six minutes en moyenne par match. Et nous appelons cela un sport.

Le base-ball, c'est pire, question langueurs et longueurs, on se croirait dans un opéra wagnérien. Payé en moyenne 1 million de dollars par an, le joueur aura quatre ou cinq occasions de frapper la balle au cours d'une partie de quatre heures. Le reste du temps, il jouera en défense, debout dans son pré carré, attendant une hypothétique attaque.

L'aficionado américain, grâce aux quatre fuseaux horaires de son pays, peut facilement passer sa journée devant la télé, en commençant tôt le matin par un match à Boston pour ceux qui vivent côté Pacifique et en finissant avec un match en Californie dans le cas d'un New-Yorkais. Pendant ce spectacle-fleuve, installé devant sa télé, il consomme de la bière, en regardant des spots sur la bière, fait quelques pauses pipi pendant les pubs, et ignore les remarques de son épouse qui voudrait qu'il aille tondre le gazon parce que les voisins commencent à rouspéter.

Les seules Américaines qui font semblant de suivre le baseball ou le foot américain sont celles encore à la recherche d'un mari (une fois casées, elles ne pensent plus qu'au gazon). Ou alors les *groupies* qui traînent dans les stades afin de « collectionner » les joueurs célèbres. La tradition veut qu'elles soient toutes blondes, d'où une série de *« blonde jokes »* (blagues sur les blondes), politiquement très incorrectes. Exemple :

Que dit une blonde à son réveil après une nuit libidineuse ? Réponse : Dites donc, les mecs, comme ça vous jouez toujours en équipe ?

Autre particularité du sport américain, l'usage fort répandu des bourses pour sportifs. Elles transforment les universités en pépinières de joueurs qui font semblant de faire des études mais, en réalité, ne pensent qu'à passer professionnels. On assiste souvent à des compétitions entre facultés, privées ou publiques, pour recruter les meilleurs cerveaux mais aussi les plus gros bras. L'idéal grec (transmis par les Anglais) voulait que l'homme accompli soit à la fois un penseur et un athlète. Version américaine cela donne quelquefois penseur *ou* athlète.

On voit ainsi les entraîneurs des équipes universitaires sillonner le pays à la recherche d'un as du foot ou du basket susceptible de décrocher son bac (pourtant beaucoup plus facile ici). Un athlète « intelligent » qui a obtenu, disons, 13 sur 20 pourra ainsi intégrer l'une des universités les plus élitistes comme Harvard, toujours soucieuse de battre sa grande rivale, Yale, dans les matchs de foot américain, pour le plus grand plaisir des anciens élèves. Imaginez un instant Michel Platini ou Guy Drut en énarques, et Zizou sorti de la rue d'Ulm ! Non, vous ne rêvez pas.

De temps en temps, quelques intellectuels coincés dénoncent ce système qui fabrique de faux étudiants (qui finissent par faire des matières débiles du genre « Théorie du sport »), mais avec l'arrivée d'une nouvelle saison de foot américain, ils oublient leurs griefs pour mater à loisir les pompom girls et boire de la bière.

Le monde sportif américain commence cependant à s'ouvrir aux étrangers, et pas seulement lors des années olympiques. On trouve par exemple des basketteurs français dans le NBA, et des professionnels japonais dans le base-ball. Une attitude encourageante de la part d'un peuple trop longtemps isolationniste dans ce domaine.

Mais le sport américain a aussi son côté noir – le dopage. Sans vouloir mettre en doute les performances de Lance Armstrong, on ne peut que constater une tolérance croissante aux États-Unis vis-à-vis des drogues, et surtout des stéroïdes qui sont toujours en vente libre. George Bush a même évoqué ce problème au cours de son grand discours sur l'État de l'Union – pratique pour éviter de parler de l'Irak.

On remarque ces derniers temps quantité de records en termes de *home runs*, avec multiplication de balles de base-ball frappées si violemment qu'elles s'envolent au-delà du terrain de jeu. Un contrôle médical, effectué à titre anonyme, a révélé qu'au moins 84 joueurs professionnels avaient utilisé des stéroïdes dans leurs séances de musculation. Un scandale retentissant ? Pas vraiment. On en a vaguement parlé, mais de là à envisager de prendre des mesures… on n'en a pas trop envie des deux côtés de l'Atlantique. Les Virenque, les Cofidis et les spécialistes des *home runs* sont trop précieux pour ces sports où l'illusion est reine.

Et d'ailleurs, à en croire les experts, vous n'avez encore rien vu. Dans une petite dizaine d'années, la drogue sera complètement dépassée. Les scientifiques US font actuellement des expériences qui permettraient de créer des athlètes OGM dotés d'une super musculature. Quelques petites piqûres pour modifier le facteur génétique de votre corps et vous voilà transformé en Hercule.

« Lorsque des millions de personnes utilisent des drogues contre le vieillissement ou pour retrouver du tonus sexuel, il n'est pas étonnant qu'on soit indifférent quand les champions sportifs utilisent un petit quelque chose. Sinon, ce serait de la persécution sélective », remarque, non sans bon sens, le professeur John Hoberman, spécialiste de biologie de l'université du Texas.

C'est précisément au Texas, dans la petite ville de Piano, qu'un joueur prometteur de base-ball d'à peine 17 ans, Taylor Hooten, qui se bourrait de stéroïdes afin d'améliorer son score, comme le font tant de simples amateurs en Amérique, a été retrouvé mort, pendu dans sa chambre. Quelques semaines plus tôt, ses parents l'avaient persuadé de renoncer à se doper. Un cas qui n'a malheureusement rien d'exceptionnel. Selon les médecins, l'arrêt des stéroïdes peut entraîner des dépressions comme celle dont le jeune homme a été victime. Victime aussi d'une société qui a promu la performance au rang de divinité.

Il faut, en effet, se résigner à l'idée qu'aux États-Unis le sport professionnel est avant tout un business parmi d'autres. Prenez à Washington l'exemple de ce stade de 80 000 places appartenant à l'équipe de football américain Redskins (Peaux-Rouges). Il s'appelait stade Jack Kent Cooke, en souvenir d'un ancien entraîneur bien-aimé. Désormais, c'est le stade Federal-Express, du nom de cette société de poste privée qui a déboursé 205 millions de dollars pour s'offrir une belle publicité. Vive le sport !

Santé :
soignez-vous en regardant la télé

Une soirée tranquille devant la télé américaine, cela peut rendre très, très malade.

Depuis que les groupes pharmaceutiques ont le droit de faire de la publicité sur le petit écran, ils ont décidé que tout Américain bien portant est en fait un malade qui s'ignore et ne se soigne pas. Un constat insupportable pour le chiffre d'affaires de *Big Pharma*, comme on appelle chez nous les géants de l'industrie pharmaceutique.

Ils utilisent donc la télévision (les émissions sont interrompues toutes les sept minutes par des spots) pour nous apprendre ce qui ne va pas dans notre corps. Un « service public » à l'américaine, si vous voulez.

Je suis en train de regarder *« 60 Minutes »*, une émission d'actualité, lorsque les fabricants de l'aspirine Bayer me rappellent que les hommes de plus de 40 ans et les femmes de plus de 50 ans voient augmenter sensiblement les risques de crise cardiaque. Et qu'il vaut mieux avaler une petite tablette tous les jours pour dégager ses artères.

Sept minutes après, nouvelle pause publicitaire, où l'on vante le Lycopène, une substance naturellement présente dans la tomate, utilisée pour combattre les maladies du cœur, l'inquiétude numéro un des Américains. Heureusement il y a les multi-vitamines Centrum qui contiennent un maximum de ce produit.

Las de ces rappels de notre condition de mortel, je zappe pour regarder un match de foot américain. Erreur. Car les pubs ici s'adressent aux spectateurs mâles. « Demandez à votre médecin si c'est le Viagra qu'il vous faut », me conseille Bob Dole, l'ancien candidat républicain à l'élection présidentielle. Il a perdu face à Bill Clinton en 1996 et touche maintenant un joli pactole en proclamant haut et fort les merveilles d'une puissance sexuelle chimiquement retrouvée.

Retour aux problèmes cardiaques grâce au Lipitor, un médicament disponible seulement sur ordonnance, qui fera baisser votre taux de cholestérol de 45 à 29 %. Dans la publicité, on voit un homme et une femme marcher main dans la main, l'air dynamique et sans souci, sur une plage de Californie. Ça doit être le seul couple non divorcé de l'État d'Arnold Schwarzenegger, à moins qu'ils ne soient tous deux remariés. En attendant, j'ai le cœur qui flanche.

Vient ensuite le Celebrex qui promet de combattre l'ostéo-porose. Et voilà des petits vieux trottant allégrement sur une plage. « Avec Celebrex, je ne casserai pas », dit l'un d'eux. (On envoie tous les miraculés de la médecine américaine témoigner sur une plage, ou quoi ?) Après, c'est au tour de ceux qui ont mal digéré (plutôt courant au royaume des fast-foods). Le salut viendra de Gas X. Ce produit *« beats the bloat »*, élimine la flatulence. (Pour la mettre où, je me demande ?) Et n'oublions pas le Nexicum, conseillé pour traiter le « reflux acide », qui prétend guérir les œsophages en souffrance. En effet, j'ai la gorge un peu serrée ce soir.

Et puis, grâce aux pubs de CBS, je découvre une maladie sournoise, inconnue en Europe : l'ADD, ou le déficit d'attention chez l'adulte. On y voit une femme quadra qui ne fait que cafouiller dans la vie quotidienne : elle erre comme un zombie, oublie de chercher sa fille à la sortie de l'école ou de se rendre à un déjeuner. D'un ton grave, semblable à celui du toubib qui vous annonce un méchant cancer, la voix *off* me conseille d'aller chez le docteur sans trop attendre. Tout en bas de l'écran, s'affiche discrètement le nom de Lilly, un grand laboratoire pharmaceutique.

Voilà comment se passe une soirée bien tranquille devant sa télé. Une visite médicale complète, à domicile, avec au menu la revue de détail de toutes les maladies imaginables. Même les cliniques n'hésitent pas à rechercher leurs patients via le petit écran. Le Mount Carmel East Heart Center de Columbus, par exemple, rappelle que son secteur cardiologique est aussi performant que ceux des grands centres médicaux (le Massachusetts General de Boston ou la Mayo Clinic dans le Minnesota).

Ça y est, ils ont gagné, cette nuit-là, je dors mal. Et je le dois aux Français car j'ai aussi regardé une pub de Sanofi-Synthelabo. Elle m'avertissait que 60 % des adultes souffrent d'insomnies qui peuvent avoir des conséquences néfastes. Heureusement, grâce à son somnifère, le Restful Nights (Nuits paisibles), les Américains pourront ronfler. Merci, la mondialisation.

Mais c'est le fameux ADD qui me trouble le plus. Serais-je atteint de ce mal sans le savoir ? Sinon, comment expliquer certains faits troublants ? Les deux ou trois fois, par exemple, où j'ai carrément oublié mes clés sur la porte. Mon incapacité à retenir les noms des invités dans un dîner, y compris de ceux que je connais très bien. Ou encore la fois où j'ai totalement zappé l'anniversaire d'une bonne copine, qui m'a assuré que cela n'avait « aucune importance ». (Dieu, que les femmes sont menteuses.)

Ce déferlement publicitaire montre clairement que les Américains *adorent* tout ce qui touche à la médecine. En France, la Sécu a fait aimer la médecine post-Knock, mais les Américains, même s'ils sont toujours mal remboursés (ou pas du tout), en raffolent depuis longtemps. Tous les journalistes du Nouveau Monde savent que les infos médicales sont les plus suivies, et, dans les médias, les bulletins de santé se ramassent à la pelle. Ils peuvent même à l'occasion devenir des best-sellers. Lorsque George W. Bush a subi une IRM du genou (il pratique le footing depuis longtemps), le grand public a suivi à la télévision les minutieuses explications de maints experts de cette partie du corps, à l'aide de modèles en plastique des plus sophistiqués. Après l'annonce de l'opération de la prostate du ministre des Affaires étrangères, Colin Powell, des centaines de milliers d'hommes ont dès le lendemain fait une prise de sang pour évaluer leur taux de PSA.

Les Américains, à la manière des Romantiques du XIXᵉ siècle, ont le goût des maladies tragiques et le cancer a remplacé la phtisie des poètes. Souvenez-vous de *Love Story*. Sans le cancer qui frappe l'héroïne, Ali McGraw, pas de best-seller. Pour boucler une histoire, une bonne maladie en phase terminale, c'est top. Et, selon les scénaristes du petit écran, c'est encore mieux lorsque la victime est un enfant courageux au regard pathétique. Nous adorons pleurer dans les chaumières.

Pour mes compatriotes, vieillir, c'est mal vu, et mourir, c'est un truc pour le tiers-monde.

Comment éviter ces désagréments ? Il suffit de dénicher le bon produit pharmaceutique. Un Américain, même hypocondriaque, ne va pas souvent chez son médecin, mais il va traîner des heures chez le pharmacien, comme un Français au PMU du coin. C'est d'ailleurs la raison du phénomène *drugstore*, lieu de rencontre où l'on peut acheter tous les médicaments courants et en même temps trouver des magazines, des articles de pêche et un coin déjeuner. Ici, le citoyen lambda peut nourrir sa quête permanente du mieux-être : des dents plus blanches, une baisse de cholestérol, un nez bien dégagé, des oreilles libérées de la cire, une haleine qui ne tue pas, et neuf kilos en moins. Aux États-Unis, le drugstore moderne est ouvert 24 heures sur 24, sept jours sur sept justement pour ces grands malades du petit écran.

Vous me direz que l'Amérique, avec ses 46 millions de citoyens privés d'assurance médicale, est bien obligée de s'auto-médicaliser car une visite chez le docteur peut coûter cher. Oui, mais 85 % des Américains sont tout de même assurés, sans oublier le Medicare, une assurance d'État destinée aux plus de 65 ans. (Notons que la plupart des assureurs privés ne remboursent pas une simple consultation, ce qui explique pourquoi l'Américain moyen ne va chez le toubib que trois fois par an, contrairement à son homologue français qui lui rend visite comme il va chez le boulanger.)

Quand on est vraiment malade, on consulte évidemment un médecin. Mais, entre-temps, rien ne réjouit plus un Américain que de se découvrir victime d'un symptôme récurrent qui expliquerait bien des choses. Si vous n'arrivez pas à lire, c'est à cause d'une dyslexie. Si vous mangez trop, vous faites de la boulimie, et « cela n'est pas votre faute », expliquent les fabricants d'un médicament-régime, le Cortisum. Les problèmes de mâchoire (domaine où la France est « à la traîne », elle en a dix fois moins) sont imputables au syndrome JTM (joint-tempero-mandibulaire). Toutes ces « victimes » forment des clubs, des associations, s'échangent des e-mails, se marient, et font des bébés qui, à leur tour, seront frappés, vous l'avez deviné, du syndrome JTM. Comment se créent les communautés…

Un spécialiste de l'industrie de la santé, Ronald Hankins, constate que les grandes sociétés pharmaceutiques en profitent pour « établir un dialogue direct entre fabricants et consommateurs qui peut nuire à la relation classique entre le docteur et son malade ». Autrement dit, qui pousse à la consommation. Mais, cher monsieur Hankins, le PNB d'un pays, c'est fait de quoi, à votre avis ? D'un paquet d'aspirine tous les deux ans ? Le secteur santé a son rôle à jouer. D'ailleurs, maintenant que nos responsables ont renoncé à vendre au prix fort en Afrique la trithérapie antisida, il faut bien trouver des bénéfices ailleurs.

Chaque soir, le harcèlement télévisuel doit créer des milliers de « malades ». Énumérez devant moi une liste de symptômes, et une demi-heure plus tard, je suis convaincu d'être frappé d'un Parkinson, d'une maladie de Hodgkins, peut-être aussi d'un cancer fulgurant. Et je ne crois pas être un cas particulier.

La plupart des produits vantés à l'écran nécessitent tout de même une visite médicale au préalable. Mais pour combien de temps encore ? Il existe des dizaines de pharmacies Internet pas très exigeantes en matière d'ordonnances. Sans compter le puissant lobby *Big Pharma* qui incite sans relâche le gouvernement à « libérer » certains médicaments de l'obligation de prescription.

Et puis, faire confiance à un médecin parce qu'il est bac plus dix, cela peut nuire gravement à la santé. Car nos médecins US sont aussi bien souvent des *serial killers*. Selon le Dr Barbara Starfield du prestigieux hôpital Johns Hopkins à Baltimore, près de 250 000 personnes s'en vont chaque année dans l'autre monde, grâce aux « soins » qui leur ont été prodigués.

« [...] Dans notre pays, la profession médicale est la troisième cause de mortalité, après les crises cardiaques et le cancer », constate le Dr Joseph Mercola, auteur très critique de l'establishment médical aux États-Unis. Il estime que cette hécatombe est en partie due aux effets pervers de remèdes conseillés à tort. Autrement dit, autant choisir ses médicaments directement à la télévision parce que le médecin ne fera peut-être pas mieux. Les facultés de médecine de-vraient obliger les internes à regarder un peu plus la télé.

Mais il y a plus grave : il faut surtout se méfier de l'arrogance de ces médecins si fiers de leur diplôme qu'ils ne supportent pas qu'un malade découvre lui-même l'origine de ses maux. « J'ai remarqué, m'explique Teresa, la voisine de ma sœur à Columbus, que chaque fois que j'ai moi-même trouvé ce dont je souffre grâce à la télé-vision, le médecin n'est jamais d'accord et finit par me faire une ordonnance pour un mal qui n'a rien à voir avec mes symptômes. » Chez nous, le client est toujours roi, sauf dans le cabi-net du médecin.

C'est peut-être pour cette raison que notre grand et riche pays n'a jamais créé un système d'assurance maladie universel digne de ce nom.

Hillary Clinton s'y est bien essayé dans les années 90, mais elle a commis l'erreur de citer le Canada en exemple et les Américains ont à peu près le même respect pour les Canadiens que les Français pour les Belges. (Mrs Clinton avait pourtant eu la sagesse de ne pas évoquer la Sécu française, ce qui aurait encore plus sûre-ment sabordé son projet.) De toute manière, la majorité des Américains, déjà assurés par leur employeur, se refusent à payer un cent supplémentaire pour ceux qui n'ont aucune couverture sociale, ou pour les chômeurs. Manque de solidarité, mais aussi, comme j'ai pu le constater, il existe aux États-Unis un curieux phénomène de jalousie sociale qui fonctionne à l'envers : ce sont les nantis qui refusent d'accorder des « privilèges » aux moins fortunés. Les riches ont la hantise de ce qu'ils appellent *« something for nothing »*, en l'occurrence, une couverture qui rapporterait à certains (les pauvres, notamment) plus que le montant de leurs cotisations.

L'absence de couverture universelle peut expliquer pourquoi notre système de santé, pourtant le mieux loti au monde en matière de recherche et de crédits, ne recueille, selon les statistiques internationales, qu'un modeste 11/20. Dans un rapport sur la qualité des systèmes médicaux réalisé en 2000 par l'Organisation mondiale de la santé, les États-Unis figuraient au 37ᵉ rang derrière... le Maroc. La France occupait la première place. Bon, c'est vrai, il y a eu de nombreuses critiques, notamment dans *Le Canard enchaîné*, concernant la méthodologie fantaisiste de ce classement, mais d'autres études montrent que les Américains ne sont guère brillants dans ce domaine. Si l'on compare le taux de décès chez les nouveau-nés – un critère depuis longtemps utilisé pour juger de la qualité des soins dispensés dans un pays – les États-Unis se situent à la 15ᵉ place. Pas fameux.

Mais que tous ceux qui bénéficient d'une solide couverture ou peuvent payer de leur poche se rassurent : la médecine américaine les accueille à bras ouvert. Aucun pays au monde ne consacre autant d'argent par tête d'habitant en matière de santé. Seulement voilà, la répartition de cette manne est inégale. John, un de mes amis écrivains, a eu quelques problèmes cardiaques et on lui a conseillé de faire un examen. Dans l'hôpital de Miami où il s'est rendu, il n'a jamais rencontré le médecin traitant avant l'intervention. Il a simplement appris qu'une quinzaine de malades devaient suivre le même protocole qui coûte 17 000 euros. Son contrat d'assurance prévoyant une franchise de 8 000 euros – une pratique fréquente dans le monde des assurances privées – il a donc dû débourser pas mal d'argent.

« J'ai été choqué par la manière dont on m'a traité, comme si j'étais chez Ford sur une chaîne de montage », m'a-t-il raconté. Après l'examen, il a tout naturellement consulté son avocat pour demander réparation de ce mauvais traitement. Une démarche normale dans le processus médical aux *States*. La chirurgie d'abord, le procès ensuite.

En tout état de cause, même avec une couverture universelle, les Américains ne seraient pas à l'abri du gros problème que n'importe quel visiteur débarquant au Nouveau Monde constate dès sa descente d'avion : l'obésité. Selon les sta

tistiques officielles, elle ne frapperait qu'une personne sur trois. Je serais tenté de croire que les
statisticiens ont tendance à relativiser car si vous
scannez la population d'un centre commercial
de l'Ohio, par exemple, l'obésité y est aussi
courante qu'un nez au milieu de la figure. On a
l'impression de débarquer sur une planète loin-
taine à la Jules Verne où les indigènes ont des
proportions bizarres.

Ce phénomène typiquement américain s'explique facilement. La plus grande contribution
de l'Amérique à la civilisation occidentale n'est,
en effet, ni le jazz ni le jean, mais le *snack*, cette
grande bouffe non-stop qui fait que les repas de
la journée – petit-déjeuner, déjeuner et dîner –
ne servent que d'appoint.

Arrivé en avance à l'aéroport de Detroit, je lis
tranquillement *Business Week* en attendant mon
vol prévu pour 16 h 30. La salle se remplit peu
à peu d'Américains de toutes conditions : deux
militaires en permission, quelques hommes d'affaires l'ordinateur portable en bandoulière, une
famille noire de six personnes, une troupe de
vieilles dames (des bridgeuses, peut-être). Au
total, une quarantaine de personnes.

Je remarque soudain quelque chose de bizarre :
je suis le seul, mais absolument le seul, parmi tous
ces gens… qui n'est pas en train de grignoter.

Eh oui, l'heure du déjeuner n'est pas très loin,
mais ils ont tous quelque chose à manger dans

la main : des chips, des objets sucrés non identi-
fiés, des *doughnuts*, un hot-dog, ou pire un chili-
dog, et, dans de nombreux cas, un verre en carton rempli de Coca, de Sprite et autres drinks
gazeux du même acabit. Juste en face de moi,
un homme d'affaires en costume trois pièces
bâfre un sandwich comme un condamné à mort
avalant son dernier repas.

Quelques jours plus tard, je me rends vers
10 heures du matin dans un cabinet d'assurances de Columbus. Un employé est en train de
regarder mon dossier lorsque, derrière lui,
quelqu'un crie comme s'il y avait le feu, *« Danish
time ! »* L'heure danoise ? Ah oui, les *Danish*, ces
pâtisseries en fait cent pour cent américaines à
5 000 calories le morceau.

Ses collègues accourent et chacun plonge la
patte dans un carton estampillé *Dunkin'Donuts*,
rempli de friandises sucrées : chaussons à la fraise,
blinis à la chantilly, et bien sûr des *doughnuts* de
toutes sortes, chocolatés, poudrés de sucre, à la
noix de coco

« Vous en voulez ? » me demande gentiment
l'employé, en me tendant la boîte. Je choisis une
part en forme de colimaçon suffisamment sucrée
pour achever une armée de diabétiques.

Supprimer les snacks ? Inimaginable, ils représentent un marché de 60 milliards de dollars par
an. Rien d'étonnant à cela puisqu'on mange
ﻨ oute la journée, depuis les *Danish* du matin

jusqu'au *midnight snack* du soir avalé devant la télé (les Américains dînent vers 18 heures, alors, forcément ils ont une petite fringale autour de 23 heures).

Aux États-Unis, beaucoup acceptent l'obésité comme une fatalité, en prenant soin de distinguer entre les « pommes » qui prennent des kilos au-dessus de la taille, et les « poires » dont les hanches et les cuisses gonflent. Dans le Missouri, une femme « poire » a divorcé de son mari « poire » parce qu'elle prétendait qu'ils n'arrivaient plus à faire l'amour. Elle voulait être libérée des liens du mariage pour rechercher un partenaire « pomme », donc compatible.

Si les Français perdent beaucoup de temps dans leurs démêlés avec la bureaucratie, les Américains en passent deux fois plus à faire des régimes. L'obésité, c'est le domaine par excellence où l'on est invité à se soigner tout seul — mais sans manger moins. Avec le succès qu'on connaît. Pendant qu'en France on se livre à des polémiques de haut niveau sur l'unilatéralisme américain ou le duel libéralisme contre étatisme, mes compatriotes se plongent dans la liste des régimes : quel est le plus efficace ? Celui du fameux Dr Atkins ou le South Beach du Dr Agatston ? (la plage, encore !)

Le siècle qui vient de s'achever a vu de grands progrès scientifiques. Ils ont permis à l'humanité de vaincre des maladies comme la polio, mais

aucun n'est aussi capital que cette découverte
du Dr Atkins : on peut perdre des kilos en se
bourrant de steaks. Pour la plus grande joie de
ses adeptes qui se demandent pourquoi les sages
d'Oslo ne lui ont pas encore attribué le prix
Nobel

Big Pharma, en revanche, est toujours à la recherche de la potion magique qui supprimera
les kilos pendant le sommeil. Il y a quelques années, les géants de l'industrie pharmaceutique
ont trouvé un stimulant nommé « Ephedra ». Ils
étaient tellement pressés de le commercialiser que
les tests « scientifiques » ont été sérieusement
raccourcis. Dans certains cas, une douzaine de
cobayes humains ont été jugés suffisants pour
déclarer qu'Ephedra était opérationnel : les kilos
s'envolaient sans l'inconvénient d'un régime.

C'était négliger un certain nombre de « pé-
pins », y compris quelques décès comme celui
d'un joueur de base-ball professionnel de 23 ans,
Steven Bechler, victime d'une cure d'Ephedra.
En 2003, le gouvernement a fini par interdire
cette soi-disant potion magique.

Merci, *Big Pharma*. Et maintenant, si on s'occupait de ce fameux ADD avant que je n'oublie…
quoi ? Ça y est, j'ai oublié.

Mal élevés, nous ?

Nous sommes le pays du tutoiement automatique, et, pour être tout à fait honnête, parfois je n'aime pas trop ça (suis-je devenu un peu trop français ?) Si vous téléphonez à votre banque pour régler un problème, l'employée, dès qu'elle aura regardé votre compte sur l'écran, vous appellera « Ted » *(Mister Stanger*, s'il vous plaît) ou « Nancy ».

Le vouvoiement existe dans notre pays . on peut appeler quelqu'un que l'on vient de rencontrer *Mr, Mrs* ou *Miss* (ou encore, *Ms* pour les féministes) suivi du nom de famille, mais la plupart des Américains préfèrent utiliser le prénom des personnes qu'ils connaissent à peine, ou même pas du tout, comme s'ils étaient à tu et à toi avec eux.

Mes compatriotes vont même plus loin utilisant sans vergogne surnoms ou diminutifs sur les listes électorales. Lors de l'élection au poste de gouverneur de Californie, certains candidats

présents sur le bulletin avec Arnold Schwarzenegger ont insisté pour ajouter leurs diminutifs
après leur prénom, tels Charles « Chuck » Pineda
Jr ou William « Bill » S. Chambers. Imaginez un
peu Laurent Fabius, signant sa profession de foi
Laurent « Lolo » Fabius…

Judith Martin, alias Miss Manners (Mademoi-
selle bonnes manières), chroniqueuse du quotidien *Washington Post*, est partie en croisade contre
cette pratique. « L'usage du prénom, explique-
t-elle, implique une chaleureuse amitié, ce qui est
manifestement impossible avec des gens qu'on
vient de rencontrer. »

Apprendre aux Américains les bonnes manières est, je le crains, une guerre perdue d'avance,
Miss Manners déconseille aussi vivement de
manger sa pizza avec les doigts, d'aller dans un
bowling de son plein gré, de boire les six canettes
de bière d'un « *six pack* », ou de renoncer au port
du slip pendant la canicule.

Quand j'ai évoqué ces recommandations devant mon copain Morris, il a répondu qu'à
Columbus les bowlings passent pour être des
endroits plus chics que les salles de billards. « On
s'habille même pour aller au bowling », a-t-il
ajouté.

Vous aurez remarqué qu'à table les Américains répugnent à tenir leur fourchette dans la
main gauche. Une habitude qui peut s'avérer
dangereuse si l'on en croit la légende qui vou-

drait qu'un agent secret américain parachuté en France occupée aurait été capturé par la Gestapo parce qu'il avait pris par réflexe sa fourchette de la main droite. Miss Manners conseille néanmoins de conserver cette pratique propre au Nouveau Monde, parce qu'elle rend les petits pois plus faciles à manger… sauf, bien sûr, s'il y a un officier de la Gestapo dans la salle.

Autre sujet d'étonnement en matière de mœurs, les Français qui invitent à dîner des Américains sont parfois choqués de constater que nous n'avons pas la vessie mondaine. Les Yankees en effet ne passent pas un repas sans s'esquiver et l'on constate un va-et-vient continu entre la salle à manger et les toilettes, dames et messieurs confondus.

« C'est une question d'éducation, m'explique une Américaine installée au Vésinet depuis vingt ans. Dans l'enfance, on nous apprend que quand faut y aller, faut y aller. Faire pipi est une façon de s'exprimer et se retenir nuit à l'organisme. » Et d'admirer ces Français qui se retiennent pendant cinq heures pourtant très arrosées. « Quelle discipline ! Mais ensuite quelle course folle pour rentrer chez soi. » Comme quoi les excès de vitesse ne sont pas toujours dus à l'abus d'alcool.

Les fous de Dieu

Lorsque le pasteur Benny Hinn apparaît enfin sur la scène, la frénésie est à son comble, et le refrain « Jésus, nous t'attendons » est entonné par un chœur mixte sur le plan racial dont l'écho est mille fois amplifié par la sono.

Quel show ! Nous sommes dans la *« Bible Belt »* des États-Unis, à Memphis (Tennessee), haut lieu du protestantisme militant. Le Mid South Coliseum, un amphithéâtre de 12 000 places, ressemble à une gigantesque soucoupe volante posée au milieu de cette ville qui vit naître Elvis Presley. Toutes les chaises sont occupées.

Le révérend Hinn, pragmatique, commence par du concret :

« Si vous réglez par chèque, écrivez payable aux "Benny Hinn Ministries" et, si vous préférez la carte bancaire, n'oubliez pas la date d'expiration, suivie de votre signature. »

Le mot *ministry* (pastorat) inscrit sur le chèque est capital, car Hinn et sa bande de faiseurs de miracles évoluent dans un espace sans fiscalité. Aux États-Unis, la Constitution de 1788 exempte en effet les religions du paiement de l'impôt, une sorte de duty-free de la foi qui attire bien des convoitises. Partout dans le pays, des milliers de prêcheurs protestants opèrent comme Hinn dans un vide juridique total, jouant les psychiatres de masses, tendance arnaque. Selon la presse américaine, Hinn et son équipe encaisseraient chaque année près de 60 millions de dollars de dons. Sans compter les revenus de son best-seller, *Bonjour le Saint-Esprit*, vendu à plus de 600 000 exemplaires depuis sa parution en 1990. Des bénéfices qui, là encore, ne sont pas imposables.

Memphis est un excellent terrain pour ce genre de manipulateur. Non loin du centre-ville, de grands panneaux publicitaires affichent des slogans religieux. On peut lire par exemple sur l'un d'eux ce simple message : « Dites aux petits enfants que je les aime. » Signé, en bas : « le Seigneur ».

Hinn porte un complet d'un blanc éclatant bien que nous soyons presque en hiver. Sa coiffure, montée comme des œufs en neige, me fascine. Un mixte de Marie-Antoinette et du jeune romancier parisien Nicolas Rey, en plus laquée. Est-ce pour dissimuler une calvitie ? À force de fixer sa tête on se sent tout étourdi. En tout cas, si Hinn était vendeur chez un concessionnaire automobile, je changerais de marque illico.

Tout le monde est pourtant là pour l'écouter même si, dans la salle, je vois encore pas mal de têtes baissées, des fidèles en train de remplir studieusement le chèque qu'ils vont ensuite remettre aux jeunes du service d'ordre, en chemises blanches et cravates.

« J'ai maintenant une vision », entonne Hinn d'une voie puissante, pour faire silence dans la salle. Le chœur suspend son hymne.

« J'ai maintenant une vision, reprend-il. Une vision des plus étonnantes. Des rangées de cercueils. Oui, mes amis, des cercueils. Quelqu'un est en train de les déplacer, pour les rapprocher du poste de télévision. Et je vois, oui je les vois, ces familles aimantes prendre les mains des chers disparus pour les poser sur le petit écran et, par ce geste, les morts reprennent vie. Ainsi fera notre Dieu glorieux, pour que la résurrection divine ait lieu pendant notre émission. »

Ce meeting sera, naturellement, retransmis sur TBN, la chaîne câblée de Hinn. Je suis en train de noter furieusement dans mon calepin ces divagations, quand ma voisine m'apostrophe.

« Tu n'es pas croyant, n'est-ce pas, mon chou ? » Elle utilise le mot anglais *honey*. Cela me rassure. Dans cette ambiance surchauffée de fidèles aux regards habités, je craignais qu'elle me dénonce comme terroriste aux gars du service d'ordre. Surpris par sa perspicacité, je bafouille.

« Ce n'est pas grave, répond-elle, tu vois, moi aussi je n'étais pas vraiment croyante quand j'ai découvert monsieur Benny Hinn. Mais cela fait partie de ses dons : nous aider à découvrir la vérité qui se cache en nous, parfois pendant des années et des années. Avec la maladie de mon mari, un cancer, je ne savais plus quoi faire. Monsieur Hinn m'a fait comprendre que si j'ouvrais mon cœur juste un peu à Jésus, le plus gros du travail serait fait. »

La septuagénaire, qui s'appelle Penny, est obligée de crier ces derniers mots, car les hymnes ont repris tandis que Hinn passe parmi les handicapés présents au premier rang. Il les embrasse, leur caresse les cheveux, leur prend longuement la main, un contact physique censé produire des « miracles ». C'est le moment fort du spectacle.

Il paraît que le révérend Hinn a prédit en l'an 2000 que Jésus lui-même allait faire une apparition au cours de l'une de ses « croisades ». C'est ainsi qu'il appelle les méga-meetings comme celui des Philippines auquel, selon ses hommes, près d'un demi-million de personnes ont assisté.

Je ne peux m'empêcher de demander à Penny, malgré la sono : « Comment se fait-il que Jésus ne soit jamais venu au rendez-vous ? »

Elle me regarde avec attendrissement, secouant la tête comme elle le ferait avec un enfant qui n'a rien compris.

« Jésus est venu, mais il n'a pas voulu qu'on le voie et il a donc pris une autre forme. C'est comme ça qu'il agit, le Christ.

— Impossible alors de le prouver.

— *Honey*, pour ceux qui ont foi en Lui, pas besoin de preuves. » Elle a réponse à tout, on dirait un polytechnicien.

On pratique toutes sortes de religions aux États-Unis, et le catholicisme gagne même du terrain grâce aux immigrés latinos. Mais c'est le protestantisme, sans pape ni *curia*, qui convient le mieux aux valeurs de l'Amérique profonde. À une nation largement décentralisée, correspond une religion éclatée. Ici, le protestantisme ressemble aux fromages français : toutes les formes, toutes les couleurs et tous les goûts. En fabrique qui veut, des anglicans de la Nouvelle-Angleterre avec leur cérémonial proche de celui des catholiques jusqu'à ces baptistes du Tennessee qui manipulent des serpents venimeux pour attester de la bienveillance de Dieu. On y trouve de tout, du meilleur au pire – des gens authentiquement convaincus, consolés par l'amour de Jésus et des businessmen convertis en prêcheurs bien décidés à profiter de cette manne humaine.

Officiellement, la religion et l'État sont séparés dans notre Constitution. En réalité, la foi occupe une place centrale dans la vie quotidienne, surtout dans les États conservateurs comme le

Tennessee. Sillonnez le pays en voiture, et vous entendrez partout des stations de radio qui jouent exclusivement de la musique *faith* (croyance).

« Je regrette si j'ai oublié de prier, chante Scott Payne, mais Seigneur aide-moi juste encore une fois ! »

La référence à Dieu s'impose du nord au sud mais aussi à l'extérieur. *« God bless America »*, proclame à Bagdad le général Ricardo Sanchez, à la fin de la conférence de presse où il vient d'annoncer la capture de Saddam Hussein. Que Dieu bénisse l'Amérique !

Ici, personne ne trouve incongru de voir les présidents des États-Unis organiser des petits-déjeuners de prière *(prayer breakfasts)* à la Maison Blanche. Ni que le dollar porte la mention *In Goa We Trust* (nous faisons confiance à Dieu). Aux États-Unis, un grand discours présidentiel sans référence à Dieu, cela n'existe pas. Franklin Roosevelt, qui était plutôt laïc, le disait clairement : une allocution privée de ce qu'il appelait *« God stuff »* (des trucs sur Dieu) risquait de décevoir le public américain.

George Bush fait en revanche partie de ces présidents « croyants » du moins en public, comme Jimmy Carter, ce qui lui vaut des voix supplémentaires aux élections. « Nous sommes un pays béni par Dieu », dit fréquemment Bush en fin de discours.

Dans *America as a Civilization (L'Amérique comme civilisation)*, Max Lerner, éminent sociologue américain du XXᵉ siècle, constate que vie publique et pratique religieuse restent marquées par des rapports ambigus « parce que le pays a été fondé par des hommes qui cherchaient la liberté de prier à leur manière ». Certes, le droit à la laïcité est protégé par la Cour suprême, mais, toujours selon Lerner, un certain regain de foi s'expliquerait par une profonde angoisse, face au nucléaire et à une technologie envahissante. On pourrait ajouter que, pendant la guerre froide, la droite politique a souvent assimilé la laïcité (qu'on appelle ici plutôt « athéisme ») au communisme et, pire, à l'immoralité tout court.

Qui dit ambiguïté dit aussi confusion entre le religieux et le politique. Si les élus truffent leurs discours de références religieuses, les hommes de Dieu se permettent, eux, des allusions à l'actualité. Ainsi, Billy Graham, le plus célèbre des prédicateurs protestants, n'hésite pas, lors de son émission du samedi soir sur la chaîne ABC, à citer l'essayiste anglais C. S. Lewis pour venir au secours de la guerre en Irak :

« La guerre, dit-on, augmente le nombre de morts. Mais Lewis constate que 100 % d'entre nous doivent mourir, et qu'on ne peut pas augmenter ce pourcentage », déclare Graham. La foule applaudit, peut-être sans trop savoir pourquoi

À la vue de ces émissions qui passent en *prime time* à la télévision, on se demande si ces fidèles ne sont pas tout simplement, dans un pays qui n'a pas le goût de la philosophie, à la recherche d'un code de conduite, d'un prêt-à-penser, à l'image de ces repas tout préparés qu'ils trouvent dans les fast-foods.

Pour de nombreux laïcs, la séparation de l'Église et de l'État, inscrite dans la Constitution, est sérieusement mise à mal par ces évangélistes qui cherchent à peser sur les choix politiques, notamment dans les domaines de l'avortement (ils sont contre) et de la peine de mort (ils sont pour).

Tous les quatre ans, George Bush, comme tous les candidats républicains, compte sur le soutien de ces ultras fidèles, mais prend grand soin, entre-temps, de ne pas en faire trop. L'un des champions à ce petit jeu était Ronald Reagan, qui avait réussi à faire oublier à la droite religieuse qu'il était le premier divorcé à entrer à la Maison Blanche.

J'ai fait quelques recherches sur Hinn qui, né en Israël de parents grecs orthodoxes, serait parti à 14 ans au Canada où il aurait « découvert » Jésus. Certains affirment qu'il roule dans une Rolls incrustée de diamants. D'autres que sa maison compte trente chambres de façon à pouvoir accueillir les fidèles. Je n'ai pu vérifier ces dires car ses porte-parole sont aussi bavards que

le Sphinx, et j'ai remarqué que, après le spectacle
Hinn et son équipe rapprochée s'engouffraient
dans un cortège de 4×4 aux fenêtres noircies,
sans aucune trace de diamants.

Mais il est vrai que de nombreux prédicateurs
vivent dans un luxe ostentatoire aux frais de
leurs fidèles qui n'en éprouvent aucun ressen-
timent, car, chez les protestants, la richesse ma-
térielle est considérée comme un signe de la
faveur de Dieu. Ils peuvent bien rouler en
Cadillac couleur champagne rosé, se déguiser
en pachas ottomans, et habiter des palais, qu'importe quand on ne paye pas d'impôts. Quant à
leurs églises, elles ont pour fonction essentielle
d'impressionner les fidèles, avec parfois de petits
airs de Vatican mais sans le talent et le goût d'un
Michel-Ange. À la fin du *revival meeting*, Penny
m'explique la raison de sa conversion à Jésus.
Lorsque son époux était hospitalisé loin de chez
eux, elle allait le voir tous les jours, mais leur
vieille Ford s'essoufflait et Penny n'avait pas les
moyens d'en acheter une autre.

« Grâce à Benny Hinn, j'ai compris qu'il suffisait d'avoir la foi. J'ai imaginé exactement la
voiture qu'il me fallait, quelque chose de solide
avec quatre portes, qui ne consomme pas trop,
et voilà que moins de deux semaines plus tard,
mon cousin Howard décède et sa veuve, trop
âgée pour conduire, me propose leur voiture.
Figure-toi que cette Chevrolet représente pour

moi l'amour de Jésus, et je ne plaisante pas !
C'était exactement le modèle que je demandais
dans mes prières, et en plus il m'est offert. Tu
appelles cela une coïncidence, je suppose ?

— Impressionnant », lui dis-je, en pensant que
je devrais peut-être renouer avec mon oncle
Harry, qui roule en Porsche...

Les Américains, ils sont comme ça

ARISTOCRATES : ils sont WASP *(White, Anglo-Saxons, Protestants)*, et ils viennent le plus souvent de la côte est. Papa est dans la finance, maman appartient au club très fermé des *Daughters of the American Revolution* (Les Filles de la Révolution américaine). Les enfants, scolarisés dans le privé, fréquentent les *prep schools* (écoles préparatoires) comme Andover (George Bush) ou Chaote (John F. Kennedy). Mais, pas besoin de le préciser, les « autres » aristos de l'Amérique contemporaine, les vrais, sont les mégariches. Minimum : 500 millions de dollars.

BOOSTER BUSINESSMAN (homme d'affaires) : sa spécialité, le *handshake* viril et chaleureux, pendant qu'il vous regarde droit dans les yeux. Du grand art. Peu importe qu'il soit courtier d'assurances ou agent immobilier. Pour promouvoir le chiffre d'affaires, il actionne son *booster*. Ce pilier de la communauté assiste à tous les événements sportifs de la région et ne loupe jamais un gala de charité, histoire de se faire des relations (ses voisins sont tous des clients en puissance, n'est-ce pas ?). Le dimanche matin, on le voit bien sûr à l'église, en citoyen modèle. Jamais, vous n'entendrez cet hypocrite plein de faconde parler crûment de gagner du fric. Non, il n'a qu'un but : « servir la communauté ». Tous les quatre ans, il soutient le candidat républicain à la Maison Blanche, car ce parti est *pro-business*. Pour en savoir plus, il suffit de lire *Babbitt* de Sinclair Lewis, sorti en 1922. Rien n'a changé depuis.

EGGHEAD (le crâne d'œuf – intello) : le plus souvent prof de faculté, une espèce que l'on voit rarement en dehors des campus. Seule exception, quand il fait son marché dans la supérette bio du coin ou dans une boutique qui vend des produits exotiques, voire français. Ayant milité contre la guerre au Viêtnam, il est resté politiquement « à gauche ». Mais attention, en France il serait centriste : il reste tout de même un libéral. Même s'il habite en province, le *New York Times* est son journal de référence. La culture Hollywood avec ses films violents et ses séries télé, quelle vulgarité ! Ses préférences vont à la chaîne culturelle où il peut regarder les films de la BBC. Le crâne d'œuf porte des vestons en tweed, achetés chez L. L. Bean et passe ses vacances plutôt en Europe car aller à Cuba main-

tenant que le boycott est levé, c'est passé de
mode.

FILS DE… LES DYNASTIES À L'AMÉRICAINE :
même si les titres de noblesse sont interdits par
la loi, la particule, ça existe aux USA, chez ceux
qui veulent montrer qu'ils ne sont pas des bou-
seux. Mais comme dans beaucoup d'autres domaines, il s'agit d'une aristocratie *self-made*. Pour
commencer sa lignée, il faut, bien sûr, avoir un
fils et l'appeler *junior*. Si ce fils vous fait un petit-
fils, il va l'appeler « III », comme pour l'administrateur américain en Irak, L. Paul Bremer III. Et
l'arrière-petit-fils portera le numéro « IV ». Pour
se hisser au-dessus du lot commun, on peut aussi
utiliser en entier son deuxième prénom et pas
seulement l'initiale. Par exemple, « Charles Bennett Hughes », mais sans trait d'union. Cela fait
poète ou sénateur, au choix.

FUMEUR : on voit ces misérables dans les
centre-ville, groupés comme des réfugiés sur les
trottoirs ou agglutinés devant leurs bureaux,
l'œil furtif et la cigarette au bec. Pour les 50 millions de fumeurs américains, cette pause nico-
tine constitue l'unique instant de bonheur dans
un pays de plus en plus sans fumée, où ils ont
l'impression d'être traqués comme des bêtes. Il
y a déjà longtemps que la cigarette est interdite
dans les bureaux et les lieux publics. Et voilà

que le maire de New York, un ancien fumeur, décide que les bars de la ville seront aussi *terra prohibita*. Quelques associations « *pro-choice* » (en faveur du libre choix) constituées grâce au soutien de Big Tobacco, le lobby des grands cigarettiers, tel Phillip Morris, contre-attaquent. Mais c'est dur. Le lobby des non-fumeurs ne cède pas. Il constate que les maladies liées au tabac font perdre 82 milliards de dollars de productivité chaque année, un argument de poids aux États-Unis.

HOMO DE SAN FRANCISCO : dans cette jolie ville de la côte ouest, la communauté d'homos (et lesbiennes) a trouvé son paradis sur terre. Politiquement, le *gay* est à l'abri de toute discrimination, grâce à sa puissance électorale (plus de 15 % de la population – ce qui n'arrange rien pour les jeunes femmes de Frisco à la recherche d'un mari). En outre, la communauté *gay* jouit d'un niveau économique plus élevé que la moyenne. L'homo peut vivre en couple, comme les hétéros, et depuis 2004 se marier même si la justice n'a pas encore statué définitivement sur la légalité de telles alliances. Il peut aussi mener une vie de célibataire « branché » dans le quartier de Castro Street, où bars, hôtels, librairies et restaurants sont fréquentés principalement par les personnes en quête d'une liaison plus ou moins provisoire. Bien sûr, il faut en-

core se soucier du sida (19 000 morts à San
Francisco depuis que ce fléau a pris son essor ici,
en 1981). Mais, à condition de se protéger, la
plus grande nuisance provient de ces touristes
straight (hétéros) qui viennent regarder les soirées
chaudes de Castro.

JAP *(Jewish American Princess)* : elle est juive
mais n'a jamais souffert de l'antisémitisme. Éle-
vée dans le confort et pourrie gâtée, elle ne manque de rien grâce à papa : vacances de luxe,
fringues de stylistes branchés, études dans une
bonne université pour dégotter un mari de la
même confession. (Les parents pardonnent tout
sauf qu'on leur impose un gendre chrétien.) Pour
se marier, il faut tout de même sortir avec des
mecs, alors, préservant sa virginité pour *Mr Right*
(l'homme de sa vie), elle pratique la fellation.
Une fois mariée, papa peut enfin dire « ouf ». Ce
sera désormais à son heureux époux de découvrir la triste vérité : des factures American Express de plus de 3 000 dollars par mois, des
plats surgelés tous les soirs, et finies les petites
gâteries.

JOE SIXPACK (le beauf) : il est blanc (et fier
de l'être), appartient à la classe ouvrière, et n'a
pas été à la fac. Il roule dans une puissante *SUV*
(4 × 4) et ne loupe jamais le football américain à
la télé, et surtout le fameux match du lundi soir,

« *Monday Night Football* ». Sa boisson de prédilection, c'est la bière pas trop chère qui se vend en canettes par pack de six, d'où son surnom. La bière, ça se boit en regardant la télé et en grignotant des bretzels. Vous vous souvenez peut-être d'un certain président des États-Unis qui a failli mourir en s'étranglant avec un bretzel.

LATINOS : ils sont maintenant 39 millions et, depuis 2003, ils ont ravi aux Noirs leur place de première minorité du pays. Désormais, ils ne se limitent plus à la Californie, au Texas (ou à Miami pour les Cubains anticastristes). Ainsi, à Cicero (Illinois), ancien quartier général d'Al Capone, les Latinos représentent aujourd'hui 77 % de la population de la ville. L'Amérique a besoin d'eux. Démographiquement, en raison de sa faible natalité, économiquement, car ils acceptent les jobs les plus durs (et les moins rémunérés). Sans oublier que, avec un pouvoir d'achat en augmentation de 15 % par an, les Latinos soutiennent la consommation. Certains Américains commencent à s'inquiéter de cette immigration massive. Dans un livre *Who Are We ? (Qui sommes-nous ?)*, Samuel P. Huntington, professeur à Harvard, pose la question : ces nouveaux Américains accepteront-ils un jour de se fondre dans la majorité pour devenir des citoyens comme les autres ? Jusqu'ici, la réponse est négative. Presque 80 % des Latinos préfèrent

parler espagnol et restent fidèles à leur culture.
Los Yanquis (Yankees), ce ne sont pas eux, enfin
pas encore.

MASTER OF THE UNIVERSE : ce grand
commis d'une banque d'affaires new-yorkaise
passe ses journées à récolter des millions pour
son employeur en surfant sur les cours de cacao
ou en menant des interventions éclair sur le
marché monétaire. En adepte du modèle libéral
(et donc antifrançais), il utilise l'argent pour faire
de l'argent. Bon an, mal an, il arrive à toucher
un salaire mensuel de 50 000 euros, sans compter
la prime de fin d'année. Dévoué corps et âme à
son boulot, notre brillant financier a néanmoins
sa politique perso : *« Work hard, play hard »* (travaille comme un fou, amuse-toi autant). Aussi,
s'offre-t-il, avec sa copine top model, des week-
ends de ski à Aspen dans le Colorado ou des
séances de bronzage à Antigua. Sa seule crainte
dans la vie, perdre un jour des millions sur les
marchés et se faire virer pour faute grave.

RHODES SCHOLAR : l'élite universitaire. Ils
ne sont chaque année que 32 boursiers, hommes et femmes, à passer, une fois leur diplôme
universitaire en poche, deux années d'études à
l'université d'Oxford en Angleterre. Par la suite,
contrairement à vos énarques, ces vedettes du
monde universitaire que l'on pourrait comparer

à des normaliens ne font que rarement de la politique, à l'exception, notable il est vrai, de Bill Clinton.

SOCCER MOM (mère banlieusarde de la classe moyenne) : elle a un 4 × 4 (« pour mieux protéger les petits au cas où, tu comprends ») et passe le plus clair de son temps au volant, à conduire les enfants aux multiples activités postscolaires, matchs de football en tête, le vrai football, le vôtre, ce sport de privilégiés que nous appelons le *soccer*. Mi-féministe, mi-traditionnelle, elle se préoccupe de la faim dans le monde quand les images du petit écran commencent à être dérangeantes. C'est elle qui a fait élire Bill Clinton deux fois, mais depuis l'affaire Lewinsky..

TOWHEAD (le surfer) : jeune, Californien et grand adepte de la coolitude. Affiche une superbe indifférence pour l'actualité, à l'exception de la carrière politique d'Arnold Schwarzenegger. Ses parents lui ont offert pour ses seize ans un *dune buggy*, outil de « travail » indispensable. Il poursuit sans conviction sa scolarité, consomme des drogues douces et ne sort jamais avec une brune. Le corps, c'est son capital qu'il entretient tout de même à coup de séances de gym. Un jour, il lui faudra bien trouver un boulot, mais il bâille rien qu'à cette perspective. Sa réplique préférée : *« Whatever… »* (j'm'en fous).

Ciel, mon café

Les États-Unis ont toujours été renommés pour la majestueuse beauté de leurs grands espaces comme le Grand Canyon, et pour la médiocrité de leur café. Si vous voulez mon avis, l'un ne compense pas l'autre.

Ce qualificatif « médiocre » appliqué à notre café est d'ailleurs un acte de pure charité. Tous les Français qui ont voyagé ou résidé dans le Nouveau Monde vous le diront, le café à l'américaine est exécrable, voire imbuvable, peut-être parce que les Américains trouvent leur dose de caféine dans le Coca.

Préparé dans une indifférence rituelle par le plus nul des employés, et frelaté à mort, le café VY (Version Yankee) a des ressemblances avec le breuvage dont les Français devaient se contenter pendant l'Occupation, période où le vrai café manquait. Dans un restaurant US typique, on le prépare tous les matins dans une vaste bassine d'acier de vingt litres. On se contente ensuite de le tenir au chaud et de l'offrir aux clients. Sans commentaire. Leur café est si horrible que ma mère, qui adorait boire son petit noir avec sa cigarette, soupçonnait les restaurateurs d'utiliser des eaux usées.

Mais les Américains boivent notre café national sans sourciller parce qu'on leur a toujours dit que le café, ça doit ressembler à de la lavasse et qu'ils ne connaissent pas autre chose. À chaque pays ses habitudes : les Français partent tous en vacances en même temps, y compris les médecins généralistes… mais je m'écarte du sujet.

Pour revenir au café, mon ami Morris m'annonce un jour une soi-disant bonne nouvelle.

« L'époque du café imbuvable est révolue », déclare-t-il, m'invitant à l'accompagner dans un établissement sur High Street. J'acquiesce. Quand Morris est chauffé à blanc, on ne résiste pas.

Permettez-moi de préciser, pour ceux qui ne connaissent pas Columbus et ses environs, que High Street est le grand axe nord-sud de la ville, donc un emplacement prestigieux. Quand j'étais gamin, High Street me servait de référence pour juger de l'univers, comme les Champs-Élysées ou la Canebière pour certains. À l'est de cette artère se trouvaient mon école primaire, le glacier Isaly's et, un peu plus loin, la ville de New York, qui, selon ma maîtresse d'école, Miss McCabe, était bourrée de communistes et de socialistes. À l'ouest, c'étaient la maison des parents de Morris et l'église protestante où nous, les gosses, nous amusions le dimanche matin à vandaliser le distributeur de Coca et, quelques *miles* plus loin, la ville de Tokyo.

Les années passant, je perdis un peu de mon innocence d'enfant au cours d'un voyage avec mes parents à Dayton, une ville située à 100 kilomètres de Columbus, où j'ai rencontré pour la première fois des gens qui *ignoraient* l'existence de notre High Street. Une terrible nouvelle qui m'a ensuite été confirmée lors de ma première visite à New York, où, là, *personne* n'avait jamais entendu parler de cette grande avenue de Columbus. Mais passons…

C'est donc avec une certaine curiosité que je monte dans la Buick LeSabre de Morris et que nous longeons High Street jusqu'au carrefour de South Street où se trouvait jadis une station d'essence.

Et maintenant ? C'est un immeuble en briques, bien propret, entouré d'un parking : le Starbucks Café.

« Ici, me dit Morris avec un air satisfait, je te parie que le café est meilleur qu'en France. » Sacré Morris ! Je me méfie de ses enthousiasmes.

À l'intérieur en effet, changement de décor. Des fauteuils en velours, des exemplaires du quotidien *New York Times* (imaginez, à Columbus !), des clients élégants, un personnel attentionné et, comme musique d'ambiance, quelques tubes des années 30. L'atmosphère feutrée d'une banque suisse. Et pas le moindre client en maillot de bain, comme on en voit dans tous les McDo de la ville. La classe ! À l'entrée, une pancarte signale que « cet établissement vous garantit un environnement sans fumée ».

« Ça veut dire pas de cigarettes, me dit Morris.

– Je sais ! » Il me prend pour un idiot parfois. C'est la base de notre amitié.

On commande des cafés. Sans réfléchir, Morris sélectionne « un triple moccha Venti, sans matière grasse et sans crème fouettée ». Comment ça ? C'est quoi ? En regardant la carte je comprends que Starbucks est à l'heure italienne avec ses *« latte »*, ses *« espresso »* et même ses *« macchiato »*. Essayez de commander un *« espresso »* dans un McDo de Columbus et on vous rira au nez.

Serait-ce la réplique de Columbus aux frères Coste ? Techniquement Starbucks n'est pas un fast puisque le café est préparé pour chaque client, mais c'est tout de même une chaîne, même si elle est haut de gamme. Elle connaît un vif succès dans un pays longtemps privé de bon café et, pour être sûrs de réussir, les dirigeants de Starbucks en ont rajouté pour plaire au goût américain. On peut choisir des cafés parfumés à la menthe, au pain d'épices ou au caramel, tous dégustés à l'américaine, c'est-à-dire en quantité industrielle : la plus grande « tasse » (commandée par Morris) fait presque 60 cl.

Les mordus du politiquement correct se voient même proposer un arabica « *Fair trade* », acheté aux fermiers du tiers-monde à un prix qui leur permet de survivre.

Je choisis un petit « *moccha* », mais la serveuse me corrige en souriant, comme si j'étais un gosse des bidonvilles qui fait sa première visite : « un *moccha Tall* », dit-elle. On n'aime pas trop le mot « petit » en Amérique, cela fait mesquin. Une fois prêt, mon café livré dans un « verre » en papier de plus d'un tiers de litre de contenance n'a en effet rien de petit. Son couvercle percé d'un trou permet de boire au volant, pour le confort de la majorité des clients de Starbucks. Ma mère qui aurait pu fumer en même temps aurait été ravie de cette invention.

Morris éprouve une certaine satisfaction en me faisant découvrir ce lieu raffiné, car cela l'agace un peu que j'aie quitté Columbus pour vivre en France où, d'ailleurs, il n'est jamais venu me rendre visite.

En général, je n'évoque pas trop la France en sa présence depuis qu'un soir, au cours d'un dîner où Morris vantait les splendeurs du nouveau palais de justice de Columbus où il travaille, j'ai fait remarquèr qu'« à Paris, c'est au palais de justice que Marie-Antoinette avait été incarcérée avant de passer sous la guillotine ». Je n'ai pas compris sur le moment qu'en faisant cette comparaison je reléguais toute la ville de Columbus au rang de petit bled.

Morris rougit et resta coi. Mais aujourd'hui, en finissant son monstrueux breuvage sans matière grasse, il me dit :

« Tu vois, tu es parti vivre en Europe un peu trop vite. » Cette fois-ci, je lui laisse le dernier mot (en plus, il m'invite). D'ailleurs, j'avoue que je partage le plaisir de ce vieux pote.

Mais, entre nous, Paris et ses cafés valent bien un *moccha* de Starbucks.

Le mot de la fin

On peut aimer son pays, mais l'amour n'est pas forcément aveugle. Et l'affection d'un expatrié est souvent plus lucide, plus ambiguë aussi, que celle de ses compatriotes moins aventureux.

Un drôle d'état qu'on pourrait qualifier de guerre existe entre nos deux pays, sans canons bien sûr, mais néanmoins féroce. Cette situation n'offre pas que des désavantages, tant il est vrai que, sans adversaire, on devient vite trop confiant et paresseux.

L'Amérique s'avère en effet un puissant rival et un contre-modèle pour l'Hexagone. Mais si vous vous engagez encore plus sur la voie d'une société de loisirs, d'assistés, grevée par les taxes et où l'on cesse de travailler à partir de 55 ans, les États-Unis risquent de vous laisser loin derrière. Nous sommes, prenez garde, prêts à vous piquer vos plus brillants cerveaux. Si Marie Curie vivait aujourd'hui, on ferait l'impossible pour la convaincre de venir travailler dans nos labos, sauf, bien sûr, lui offrir une place au Panthéon.

Face aux lecteurs qui me reprocheront de donner une vision trop globale, caricaturale, des États-Unis, sans évoquer les nombreuses exceptions (qui, vous le savez mieux que moi, confirment la règle), je plaide d'avance « coupable ». Je ne suis ni ethnologue, ni sociologue, mais journaliste. Notre « science » à nous consiste à susciter la réflexion – et même à inciter à la lecture d'autres auteurs. Et puis, certaines caricatures sont souvent justes, tout comme on trouve des paranoïaques qui ont réellement des ennemis.

Il m'arrive de temps en temps de penser à retourner définitivement en Amérique, car mon pays a aussi ses moments de poésie : un train de marchandise qui siffle au loin dans la nuit, un été indien, quand les feuilles colorées tombent des arbres. Après tout, c'est ma patrie, et j'en partage bien des valeurs.

J'ajouterai qu'à mon sens le vrai patriotisme consiste à vouloir que son pays soit capable d'être le meilleur. Alors, oui, résider en dehors de ses frontières est une forme d'abdication. Un expatrié célèbre, Che Guevara, ne conseillait-il pas aux citoyens du monde capitaliste de rester chez eux afin d'initier le changement dans leur propre pays, plutôt que de partir ailleurs en quête d'une société meilleure. « Vous êtes dans le cerveau du monstre », affirmait-il.

De la douce France ou de la jeune Amérique, laquelle préférer ? Parfois, j'ai l'impression que le pays « idéal », celui dont nous rêvons tous, existe quelque part dans une zone intermédiaire entre nos deux nations. Il doit y avoir un juste milieu entre le libéralisme américain et le collectivisme à la française. Si seulement chacun pouvait faire un pas vers l'autre…

Mais il est vrai que nous nous retrouverions alors en plein milieu de l'Atlantique, et qui voudrait disparaître dans l'abîme, citoyens d'une nouvelle Atlantide ?

DU MÊME AUTEUR

Aux Éditions Michalon

SACRÉS FRANÇAIS ! UN AMÉRICAIN NOUS REGARDE, 2003 (Folio documents n° 17)

SACRÉS AMÉRICAINS ! NOUS LES YANKEES, ON EST COMME ÇA, 2004 (Folio documents n° 28)

SACRÉS FRANÇAIS, LE ROMAN ! UN AMÉRICAIN EN PICARDIE, 2006 (à paraître en Folio)

SACRÉS FONCTIONNAIRES ! UN AMÉRICAIN FACE À NOTRE BUREAUCRATIE, 2006 (à paraître en Folio documents)

COLLECTION FOLIO

Composition Nord Compo.
Impression CPI Bussière
à Saint-Amand (Cher), le 3 novembre 2008.
Dépôt légal : novembre 2008.
1er dépôt légal dans la collection : août 2005.
Numéro d'imprimeur : 083370/1.
ISBN 978-2-07-031905-3./Imprimé en France.